세상을
바꾸는
힘

세상을 바꾸는 힘

길담서원 기획

조영선, 하승수, 김두식, 하승창, 박성준, 고병권 지음

궁리
KungRee

여러분 마음에 있는
소박하고 따뜻한 힘이
세상을 바꾸는 씨앗입니다

2008년 2월 문을 연 길담서원은 서울시 종로구 통인동 시절을 접고 2013년 12월 15일부터 옥인동 시대를 열어가고 있습니다. 지난 7년 가까이 길담서원에서는 콩글리시(영어 원서 강독 모임), 책여세(책 읽기 모임)를 시작으로 청소년인문학교실, 어른인문학교실, 한뼘미술관, 경제공부모임, 철학공방, 책마음샘(찾아가는 음악회), ㄲ세쥬(프랑스어문 모임), 니체왈츠(독일어문 모임), 녹색평론읽기모임, 이야기 드로잉, 일본어 공부모임, 금요영원(엠마 골드만 자서전 읽기 모임), 빨강머리 앤 영어 원서로 읽기+되어보기, 시민과학 공부모임 등등, 다양한 프로그램들이 자리 잡아가고 있습니다. 모임 하나하나의 중심에는 우연히 찾아왔다 길담서원의 주인공이 된 사람들이 있는데 그 가운데서도 가장 반갑고 마음 설레는 이들은 청소년인문학교실 친구들입니다.

"우리 아이들을 위한 인문학 공부 모임도 있었으면 좋겠어요."

중학교 2학년 청소년을 둔 어머니의 이 한마디가 씨앗이 되었습니다. 씨앗은 '청소년인문학교실을 위한 준비모임'으로 싹이 텄습니다. 준비모임에는 청소년은 물론이고 학부모, 교사, 교육에 관심 있는 분들이 모였습니다. 몇 차례의 준비 모임과 두 번의 시범 교실을 거쳐 2009년 1월부터 아래와 같은 생각으로 길담서원 청소년인문학교실을 열어가고 있습니다.

· 청소년은 수동적 존재가 아닌 주체이다. 청소년인문학교실 기획 모임에는 청소년이 어른들과 대등하게 참여한다. 수업의 30퍼센트 정도는 청소년의 시간으로 할애한다.

· 강의는 연구와 실천을 겸비한 전문가에게 의뢰한다. 현실을 직시하는 비판적 분석과 대안 있는 해법이 조화를 이루게 한다. 현직 교사도 강사로 모셔서 학교 현장과 소통하는 교실이 되도록 한다.

· 주제를 예술적으로 구현한 문학 작품과 철학적으로 접근한 강의를 반드시 포함시켜 청소년기의 맑고 따뜻한 감성을 보듬고 논리적이고 이성적인 사유 능력을 기르도록 한다.

· 주제와 관련하여 1박 2일 답사 프로그램을 진행한다. 자유분방한 프로그램 속에서 또래들과 친해지고 도심에서 자란 청소년이 자연과 벗하는 기억을 갖도록 한다.

· 경제 형편이 어려운 가정의 청소년도 참여할 수 있도록 최대한 참가비를 낮추고 장학 제도와 같은 숨구멍을 터놓도록 한다.

길담서원은 이와 같은 정신을 바탕으로 그동안 길, 일, 돈, 몸, 밥, 집, 품, 힘, 눈, 삶을 주제로 청소년인문학교실 열었고 앞으로 앎, 옷, 글, 손, 땅, 불, 물, 똥, 꿈, 숨, 말 등의 주제로 열어갈 것입니다. 한 글자 인문학교실이 끝나면 사랑, 평화, 철학, 역사, 인간, 종교, 공부 등 두 글자주제로, 세 글자 주제로 이어갈 예정입니다.

이번에는 우리를 움직이는 물리적이고 정신적인 '힘'을 주제로 조영선, 하승수, 김두식, 하승창, 박성준, 고병권 선생님과 청소년이 만나서 이야기를 듣고 나누어 보았습니다. 이 책은 '일'『나는 무슨 일 하며 살아야 할까?』, '몸'『몸, 태곳적부터의 이모티콘』, '돈'『나에게 돈이란 무엇일까?』, '밥'『세상을 담은 밥 한 그릇』, '집'『나는 어떤 집에 살아야 행복할까?』, '품'『나에게 품이란 무엇일까?: 공동체에 대한 고민』을 잇는 길담서원 청소년인문학교실 일곱 번째 책입니다.

"사람은 춤추는 별 하나를 탄생시키기 위해
자신들 속에 혼돈을 지녀야만 한다." _니체

고대 철학자 에피쿠로스 이야기로 물꼬를 터볼까 합니다. 그에 따르면, 세계가 탄생하기 전 무수히 많은 원자들이 중력에 이끌려 일정한 간격으로 비가 내리는 것처럼 낙하운동을 하고 있었다고 합니다. 그런데 그중에 '삐딱이 원자'가 있었을까요? 원자 하나가 수직으로부터 아주 미세하게 기울어집니다. 삐딱이 원자의 미세한 빗나감이 일정한 행렬에서 이탈하는 편의(偏倚) 현상을 일으키는데 에피쿠로스는 이를 클리나멘(clinámen)이라 불렀습니다. 삐딱이 원자가 다른 원자와 부딪치고 이런 부딪침이 연쇄적으로 일어나서 혼돈의 상태가 되고 거기서 우리가 알고 있는 세계가 탄생했다. 에피쿠로스는 우주와 세계의 탄생을 이렇게 이해했습니다. 즉, 세계의 탄생을 신과 같은 초월적인 존재의 창조로 생각하지 않고 다양한 원자들의 우발적인 마주침으로 설명하고 있는 것입니다.

무수히 많은 원자들의 질서정연한 세계를 우리의 일상에 비유한다면 '기울어지고, 빗나가고, 벗어나는 것'은 비일상이자 혼돈(chaos), 즉 새로운 세계가 열리는 가능성으로 볼 수 있겠지요. 일상이 정적, 고요, 질서에 따른 움직임의 세계라면 삐딱이 원자는 무질서, 혼돈의 세계가 될 테고요. 그러니까 클리나멘은 수직으로 낙하하는 질서 세계의 당연한 힘에 이끌려 움직이는 것이 아니라 당연한 힘에 저항하는 새로운 존재인 것입니다.

클리나멘이라는 개념은 니체의 『차라투스트라는 이렇게 말했다』의 한 구절과 만나면 의미가 더 두터워집니다.

> 나는 너희에게 말한다, 춤추는 별 하나를 낳을 수 있으려면 자신들 속에 혼돈을 지녀야만 한다. 나는 너희에게 말한다, 너희는 너희 안에 아직 그러한 혼돈을 지니고 있다.
>
> Ich sage euch : Man muss noch Chaos in sich haben, um einen tanzenden Stern gebären zu können. Ich sage euch : ihr habt noch Chaos in euch.
>
> _ 『차라투스트라는 이렇게 말했다』 서문 5장

니체는 일상을 살아가는 우리에게 혼돈을 지녀야 한다고 말합니다.

그것을 지닌 자만이 춤추는 별 하나를 낳을 수 있는데, 우리는 우리 안에 그러한 혼돈을 지니고 있다고 이야기합니다. 혼돈이라는 저 용어는 질서 없이 뒤죽박죽인 모호한 상태이면서 동시에 무한한 창작의 가능성을 지닌 운동이기도 합니다. 니체는 그 예측 불가능한 혼돈이 내 속에 있어야만 춤추는 별을, 새로운 세계를 창작할 수 있다고 말하는 것 같습니다. 즉, 춤추는 별이란, 더 나은 삶으로 나의 삶을 변화시켜야만 하는 어떤 것이고 혼돈은 춤추는 별을 만들어낼 수 있는 가능성, 씨앗을 이미 우리가 지니고 있다는 의미가 될 것입니다. 따라서 어떤 것을 창작해내는 춤추는 별을 우주 탄생의 비밀인 클리나멘과 같은 자리에 놓을 수 있을 것 같습니다.

"태어나고자 하는 자는
하나의 세계를 깨트려야 한다." _헤르만 헤세

우리는 세월호 참사 이후, 옳고 그름에 대하여, 정의에 대하여, 국가에 대하여, 정치제도에 대하여, 인권에 대하여 다시 생각하고 질문을 해야만 하는 혼돈의 상태에 있습니다. 세월호 희생자 가족들과 시민들이 요구하는 것은 2014년 4월 16일 세월호에 탔던 사람들이 수장되는 과정을 9시간 동안 지켜만 보면서 국가는 왜 300명이 넘는 배 안의 사람들을 단 한 사람도 구하지 않았는지, 왜 그 많은 사람들이 수장되어야만 했는지, 그 진실을 알고 싶다는 것입니다.

이 정당한 요구에 국가의 몰염치하고 폭력적인 대응방식을 보고 겪으면서, 우리는 아무것도 할 수 없을 것 같은 무력감과 좌절감에 빠지기도 했습니다. 그렇지만 세계 탄생 이후 인간의 역사는 이러한 혼돈을 슬기롭게 극복하여 전진하기도 하고 후퇴하기도 하며 진보의 발걸음을 이어왔습니다. 때로는 국가의 부당한 폭력이 너무나 거대해서 저항의 행동이 무의미한 것처럼 보이는 상황에서도 끈질기게 저항하는 작은 힘들이 있었고 한 발 한 발 이루어낸 작은 승리들이 있었습니다. 이 저항 정신이 세상을 좀 더 나아지게 만드는 씨앗이 되고 꿈이 되어 왔습니다.

하나의 형성된 세계를 지키려는 사람들도 있지만, 새로운 존재로 태어나기 위해 낡은 세계를 깨트리고자 꿈꾸는 사람들이 있습니다. 바로 이들이 새로운 세계를 탄생시키는 '클리나멘'이 되고 '춤추는 별'이 되는 사람들입니다.

이러한 사람들의 한 세대에서 다음 세대로 이어지는 '꿈의 바톤터치=전승(傳承)'이 필요합니다. 새로운 세계의 창작자가 되고자 하는 꿈을 공유하는 사람들이 그 꿈을 실현하기 위해 힘과 지혜를 모아 땀 흘려 노력하는 가운데 당대에는 그 꿈을 부분적으로 실현하고, 아직 실현되지 못한 꿈을 기록하여 다음 세대로 전승하는 것입니다. 전해주고 전해 받는 가운데 꿈은 자라나고 영글어서 한 걸음 또 한 걸음 세상을 성숙시켜나갑니다. 이 과정에서는 고통과 시련도 따르지만 꿈의 부분적인 성취를 함께 향유하는 기쁨이 있습니다. 그럴수록 함께 시련을 이겨낸 사람들의 우정은 돈독해지고 행복감도 더 깊어질 것입니다.

힘이라는 글자를 언뜻 보면 폭력, 권력과 같이 부정적인 느낌이 들기도 합니다. 하지만 이 책『세상을 바꾸는 힘』에서는 학교폭력이나 국가폭력뿐만 아니라 청소년의 주체성, 인권을 지키기 위한 저항운동, 시민의 힘, 인문학의 힘, 삶을 가꾸는 따뜻한 힘 등등 힘이라는 주제를 긍정의 관점에서도 다각도로 조명하고 있습니다.

힘은 새로운 세계의 가능성이며 출발이기도 합니다. 아주 작은 어긋남, 클리나멘에 의해서 이 우주가, 지구가, 우리가 있게 되었고 이러한 혼돈을 벗어나고자 하는 의지로 우리는 새로운 세계를 창작하고자 합니다. 비록, 지금은 캄캄한 터널 속을 달리는 것처럼 답답하고 혼돈스러울지라도 우리 속에 숨 쉬고 있는 이 소박하고 따뜻한 힘을 놓치지 않고 행동한다면 그것이 클리나멘이 되어 춤추는 별을 낳게 할 것입니다.

2015년 1월

길담서원 서원지기 박성준, 이재성

| 길담서원 청소년인문학교실 '힘'과 함께한 청소년들 |

강병준, 강은진, 공예은, 김기현, 김연지, 김예진, 김진오,
나원영, 박승종, 박지성, 박화목, 박희성, 손선일, 신가을, 신규원,
이 솔, 이고은, 이상범, 이세희, 이준범, 이현범, 정다미, 주현진

학교 내의 폭력에 관한
몇 가지 단상

: 좋은 힘, 나쁜 힘, 이상한 힘

조영선

서울 경인고등학교를 거쳐 지금은 영등포여자고등학교 국어교사로 살고 있다. 교사로 '행복한 밥벌이'를 하기 위해 고군분투하다가 학생인권을 만났다. 학생인권을 통해 '내 안의 꼰대스러움'으로부터 해방되면서 '학교에서 살아가는 힘'이 커지고 있다. 학교에서 좌충우돌하는 것을 귀찮아하지 않는 괜찮은 교사, 아니 '괜춘한 인간'이고 싶어 한다. 『학교의 풍경』, 『인권, 교문을 넘다』(공저), 『불온한 교사 양성과정』(공저) 등을 썼다.

안녕하세요? 조영선입니다. 저는 학생인권에 관심이 있는 교사예요. 이름보다는 '우돌'이라는 별명으로 불리길 좋아해요. 제가 잘 부딪치고, 길 찾을 때도 꼭 가지 말라는 길로 가서 헤매고 다니거든요. '좌충우돌'하는 제 캐릭터를 살려 그렇게 지었어요. 학생들도 '우돌~', '우돌 쌤'이라고 불러요. 여러분도 저를 선생님보다는 '우돌'로 기억해주시면 좋겠습니다.

오늘 여러분을 만나러 오면서 이 강좌와 시간 자체에 많이 놀랐습니다. 토요일 오전 10시, 황금 같은 시간에 어떻게 이 친구들이 모이게 됐을까? 토요일 오전의 달콤함, 일주일의 피로를 푸는 시간만큼이나 이 공간에서 이루어지는 이야기와 기운들이 여러분에게 힘이 되어야 한다고 생각하니 강연자로서 부담이 되더군요. 잘 쉬는 것도 인권이거든요. 우리는 지금까지 공부와 일만이 가치 있는 것이라 여겨왔어요. 쉬거나 자기 마음대로 시간을 보내는 건 게으르게 사는 것이라는 통념이 있지요. 저도 학생인권에 관심을 갖기 전에는 그렇게 생각했습니다만 휴식하는 것이 학생들에게 얼마나 큰 가치가 있는지 알게 되면서 학교에서 보내는 시간, 여러분과 이렇게 만나는 시간이 휴식만큼 의미가 있어야 한다는 책임감이 생기기 시작했습니다.

저는 '훌륭한 교사'가 되고 싶어서 대학생 때부터 학생들을 가르치고 필요한 곳에 가서 과외 봉사활동도 했어요. 그때 제가 꿈꿨던 학교는 드라마에 나오는 학교였어요. 선생님이 멋있는 말을 하면 학생들이 조용히 귀담아 듣고 질문도 하는 모습. 이런 걸 기대하며 학교에 갔는데, 담임의 역할이라고 주어진 일들은 뭐 내라고 공지하고 학생들이 잘 따르고 있는지 아닌지 검사하는 일들이었어요. 가장 충격을 받았던 건 두발 검사였습니다. 학교 측에서 담임교사한테 아이들 두발이 귀밑 몇 센티미터인지 검사를 해서 보고를 하라는 겁니다. 그때 참 이상하다는 생각이 들었습니다. 교사라는 건 가치 있는 이야기를 학생들에게 전하고 그에 대한 아이들의 반응을 들으면서, 서로 배우고 성장하는 일이라 생각했는데, 제가 하는 일들은 뭘 했는지 안 했는지 감시하는 일들이 대부분이었어요. 학교에서는 무슨 일이든 선생님 허락을 받고 하잖아요. 학생들도 그걸 너무나 당연하게 여깁니다. 예를 들어 감상문을 써서 제출하라고 하면 "선생님, A4 용지에 쓰는 거예요?", "글자 크기는 몇 포인트로 해요?", "연필로 써요, 볼펜으로 써요?", "사진은 넣어요, 말아요?", "분량은 얼마예요?", "꽉 채워야 만점이에요?" 이런 것들을 끊임없이 물어봅니다. 제가 교사가 아니라 감시자가 된 느낌이 들기 시작하면서 '내가 뭘 하고 있지?' 하는 의문이 들었습니다.

이런 고민을 하면서 학생인권에 관심을 갖게 되었죠.

염색하면 꼴통인가요? ···

먼저 한 가지 단어를 가지고 이야기를 시작해봐요. '꼴통학교', '꼴통'
이라는 말이 있죠. 여러분 모두에게 질문할게요. '꼴통' 하면 머릿속에
어떤 이미지가 그려지나요? 우리가 보통 어떤 학생들을 가리켜서 이
런 말을 쓰지요?

  청소년 : 염색해요, 화장하고 다녀요, 담배 펴요, 수업 자주 째요(무
  단 조퇴), 오토바이 타요, 선생님한테 개겨요.

  그렇다면 지금 이야기한 꼴통의 이미지가 여러분의 생각이에요, 아
니면 세상의 생각이에요?

  청소년 : 둘 다요.

  비율로 하면 어떤 것 같아요? 세상이 하는 생각과 내가 하는 생각,
비율로 하면?

  청소년 : 2 대 1, 7 대 3.

  세상 사람들의 생각이 70퍼센트라면, 30퍼센트는 나도 그런 학생을

보면서 꼴통이란 생각이 든다는 이야기죠? 그 말인즉 꼴통이 아니란 생각이 70퍼센트 정도 든다는 말인가요?

청소년 : 네.

왜 꼴통이 아니라고 생각해요?

청소년 : 그냥 했을 수도 있으니까요. 평범하게 사는데 머리색이 마음에 안 들어서일 수도 있잖아요.

다른 생활은 착실하게 하고 개성만 표현한 것일 수 있는데, 꼴통이라고 생각하는 건 잘못이라는 의견이에요. 다른 사람은?

청소년 : 법을 어긴 것만 아니라면 염색하는 게 잘못은 아닌 것 같아요.

다른 사람에게 피해를 주는 게 아닌데 염색하는 게 뭐가 문제인가 하는 지적이지요. 또 다른 의견 있어요?

청소년 : 겉모습은 튀고 요란해도 실제로 속 깊고 생각이 제대로 된 애들도 많아요.

지금 말씀은, 진짜 꼴통은 겉모습이 이상한 사람이 아니라 생각이 이상한 사람이라는 거네요. 맞나요? 염색하고 오토바이를 타는 등 보이는 이미지가 그렇다고 해도 그 아이들이 실제로 꼴통이 아닐 수 있다는 말이지요. 왜냐하면 꼴통이라는 것은 외모에서 드러나는 것이 아니라 그 사람의 생각이 얼마나 바로 박혔느냐에 달려 있기 때문이다. 머리카락이 아니라 머릿속이 문제다. 이렇게 정리할 수 있겠네요. 제가 국어교사 생활을 10여 년 했기 때문에 여러분이 조금만 팁을 줘도 무슨 이야기를 하려는 것인지 충분히 파악할 수가 있어요. (웃음) 그러니까 어떤 생각이든 편하게 이야기해주세요. 이 친구의 의견에 다들 동의하나요?

청소년 : 객관적으로 사람들이 볼 때는 외모가 먼저 보이고, 보이는 것으로 판단하는 경향이 있으니까 외모도 중요한 것 같아요.

사람들의 판단기준이 있으니까 그걸 맞춰주는 것도 중요하다고 말씀하셨어요. 이것에 대한 다른 생각?

청소년 : 그런 획일적인 기준을 사람한테 맞추라는 것 자체가 사회의 강압이자 억압일 수 있어요.

자, 여기서 이런 얘기를 해봅시다. 모든 사람이 다 자유롭게 살 수 있는 건 아니잖아요? 모든 기준을 무시하고 하고 싶은 대로 살 순 없는데, 어느 정도 맞춰줘야 될 선이 있지 않겠어요? 그렇다면 그 선은 어디까지일까요?

청소년 : 남에게 피해를 안 주는 것?

외모는 어때요? 외모는 사람들에게 피해를 주는 걸까요, 안 주는 걸까요?

청소년 : 안 주는 것 같아요.

꼴통 얘기에서 왜 여기까지 왔느냐 하면 인권 문제에서 소위 말하는 '선'이라는 것이 있습니다. 사람들이 저한테 학생인권과 교권에 대해 많이 묻습니다. 도대체 애들을 어디까지 허용해줘야 되느냐. 마치 제가 학생인권의 애매한 문제를 정리해주는 '애정남'인 것처럼, 이러저러한 상황이 있는데 이게 어디까지가 인권침해인지를 물어요. 제가 생각할 때 인권은 결국 타인의 인권을 침해하지 않는 것입니다. 타인의 인권을 침해하지 않으면서 자신의 인권을 누리는 거예요. 이걸 내 몸에 익히려면 뭘 알아야겠어요? 나의 인권이 뭔지에 대해서 알아야 합니다. 이게 바로 오늘 제가 하고 싶은 이야기입니다. 인권 말고 또 다른 주제어는 '힘'입니다. 힘과 인권은 어떤 관계가 있는지 함께 생각해보려 해요.

힘은 좋은 것이다 VS 힘은 나쁜 것이다 • • •

질문을 하나 더 드리겠습니다. '힘은 좋은 것이다' 이렇게 생각하는 친구? 한번 손들어봐요. 왜 힘은 좋은 것인지 이야기해줄 수 있어요?

청소년 : 힘이 있어야 원하는 걸 이룰 수 있어요.

청소년 : 힘이 있어야 원동력이 생겨요.

이번에는 '힘은 좋은 것이다'라는 생각에 반대하는 친구들 의견을 들어보지요. 왜 그렇게 생각해요?

청소년 : 안 좋은 힘, 권력 다툼 같은 게 사회에 악영향을 미친다고 생각해요. 권력을 차지하려고 서로 싸우고 불화가 생겨요.

청소년 : 좋은 힘도 있고 나쁜 힘도 있지만 그게 우리에게 어떤 영향을 끼칠지는 모르는 거니까……

힘의 좋은 면도 있지만 안 좋은 면도 있다고 말해주었어요. 한 친구가 힘 때문에 서로 다툼이 일어나서 안 좋다고 말했는데 그렇다면 모든 다툼은 나쁜 건가요?

청소년 : 아니요, 좋은 싸움도 있어요.

어떤 싸움이 좋은 싸움이죠?

청소년 : 무슨 일을 할 때, 사람들끼리 입장이 다르더라도 의견을 듣고 조율해가면서 좋은 결과를 낳을 수 있어요.

어느 사회 조직이든, 사람이 있는 곳에는 의견의 차이가 있을 수밖에 없습니다. 폭력의 세기가 세지 않거나 폭력적인 수단을 쓰지 않는한에서, 그런 입장의 차이를 조율해가면서 일어나는 싸움은 긍정적인에너지가 된다는 말씀을 해주셨어요. 또 다른 의견 없나요?

청소년 : 어떤 의견을 가지고 싸운다고 해도 일단 승자와 패자가 생기니까 의견이 서로 합쳐지더라도 진 쪽에서는 불리하게 작용하는 면이 있어요. 그래서 의견다툼이나 싸움이 딱히 좋은 쪽으로 흘러가는일은 없는 것 같아요.

의견을 조율하는 과정에서 결국 승패가 갈리고, 힘의 결과는 패자를만들기 때문에 좋지 않은 결과를 가져온다, 그래서 힘 자체가 별로 좋지 않다는 의견입니다. 굉장히 중요한 개념이 나왔습니다. 승자와 패자. 이걸 다른 말로 하면 강자와 약자죠. 이 친구는, 결국 힘에 의해서승자와 패자, 강자와 약자가 나뉘는 것은 잘못된 것이 아니냐는 생각을 한 거예요. 맞나요?

학교라는 공간의 권력관계 피라미드 •••

제가 왜 이런 질문을 드렸나 하면, 이렇습니다. 우리가 힘이 좋다, 나쁘다를 가지고 의견을 나누고 있지만, 힘이 없는 공간이 있나요? 힘이 작용하지 않으면 제가 여기 서 있을 수 있나요? 힘이 없으면 무중력 상태로 있기 마련이에요. 둥둥 떠다닌다는 말이에요.

우리가 이렇게 앉아 있는 것, 세상이 이렇게 구성되어 있는 것은 무중력 상태가 아니기 때문이에요. 힘이 있기 때문이죠. 여러분이 힘을 쓰지 않고 가만히 앉아만 있어도 이 상태 그대로 힘이 있어요. 그 힘이 어떤 순간에는 굉장히 폭력적인 에너지로 나타기도 하고, 어떤 순간에는 조율하는 에너지로 나타나기도 하지요. 힘 자체는 현실적으로 존재하는 것인데, 그 힘을 어떤 에너지로 쓸 것인가, 어떤 방향으로 쓸 것인가 결정하는 건 누구일까요? 바로 여러분이에요. 그러므로 힘 자체를 어떤 에너지로 사용할 것인가 판단하는 나의 결정이 중요하죠. 국가도 마찬가지예요. 그 힘을 좋게 쓸 수도 안 좋게 쓸 수도 있어요. 그 판단을 잘해야 합니다. 그렇다면 그 판단기준은 무엇이 되어야 할까요? 좋은 힘, 나쁜 힘을 어떻게 판단할 수 있어요?

청소년 : 남에게 피해를 안 준다.

중요한 생각인데 '피해를 안 준다'의 핵심은 내 힘이 누구에게 갈 때? 약자에게 갈 때 그 힘은 나쁜 힘이 되는 거죠. 결국 인권의 시작은 내가 어떤 위치인지 파악하는 겁니다.

저는 학교도 힘이 있는 공간이라고 생각합니다. 무중력 상태가 아니에요. 다음 그림은 제가 만들어본 학교에서의 서열 피라미드예요. 학문적 근거 없이, 온전히 저의 경험을 바탕으로 만든 거니까 살펴보면서 여러분이 저건 잘못된 것 같다, 서열을 바꿔야 된다 등등 의견을 자유롭게 말해보세요.

학교의 권력관계 피라미드

청소년 : 관리자가 누구예요?

교장 · 교감 선생님이에요.

청소년 : 그래프가 잘못된 것 같아요. 교장 · 교감 선생님은 힘이 없
어요.

아, 그래요? 왜요?

청소년 : 무기력해요.

재미있는 의견이네요. 왜 그렇게 느꼈어요?

청소년 : 아무리 교장 · 교감 선생님이 무언가를 하려고 해도 학생들

이 안 따라주면 학교 이미지가 추락하잖아요.

구체적인 예를 들어 설명해보자면 '우리 학교는 공부도 열심히 하고 1등급에 학생들 두발도, 복장도 단정한 학교가 되어야 됩니다' 하고 조회시간마다 교장·교감 선생님이 말한다 한들 실제로 학생들이 안 따르면 그런 학교가 되지 않는다. 이런 말인가요? 즉 관리자의 힘이 약하다는 이야기인데 다른 분들 생각은 어때요?

청소년 : 생활지도부 선생님이 교장보다 더 세요.

왜 그렇게 생각해요?

청소년 : 교내에 무슨 사건이 터지면 일단 해당 학생들을 '생지부(생활지도부)'로 끌고 가잖아요. 생지부 선생님이 학생들을 면담한 다음 내리는 사건의 경중에 따라서 선도관리위원회가 열리기도 하고 안 열리기도 하니까요.

현실적인 답변입니다. 학생 입장에서 제일 무서운 사람은 생활지도 선생님이죠. 다른 사람들도 여기에 동의하나요?

청소년 : 저는 조금 다른데요, 학생이 잘못을 했으면요, 일단 누가 잘못했고 안 했고는 생지부 선생님이 판단하는데, 학생을 퇴학 조치할지 말지를 결정하는 건 교장·교감 선생님이에요.

정확히 꿰뚫어보셨어요. 예를 들어 생활지도부 선생님들이 직접적으로 학생들에게 겁을 준다든지 지도를 한다고 생지부에 끌고 간다든지 하는 건 '물리력'을 행사하는 것입니다. 이건 눈에 보이는 폭력이죠. 그러나 친구가 이야기했듯이 결국 학생을 자를까 말까를 판단하는 건 교장·교장 선생님이에요. 이런 걸 '권력'이라고 하는데요, 눈에 보이지 않고 멍이 들거나 다치지는 않지만 학교에 다닐지 못 다닐지를 결정하는 엄청난 힘이죠.

여기서 질문! 교장·교감 선생님은 교실에서 학생을 끌어내는 행동을 할 필요가 있을까요, 없을까요? 대신 누가 해줘요? 생지부에서 해주죠. 마치 이것과 비슷합니다. 일진도 서열이 있는데 일진의 제일 위에 있는 아이들은 직접 '빵'을 뜯으러 다니지 않고 시키죠? 다단계잖아요. 권력의 정점에 있는 사람은 자기가 직접 그 행위를 할 필요가 없어요. 그러니까 그 사람한테 힘이 있는지 없는지는 감추어져 있는 겁니다. 그 사람에 의해 세상이 돌아가는지 안 돌아가는지 잘 드러나지 않는다는 말이에요.

해군 기지 반대 활동을 벌이는 제주 강정마을을 봐도 마찬가지입니다. 강정마을 주민들을 대놓고 진압하는 이는 경찰들이에요. 그런데 그 명령을 내리는 것은 정부입니다. 이렇듯 힘에는 눈에 보이는 물리적 폭력도 있지만, 더 큰 힘을 발휘하는 권력도 있지요. 우리가 폭력을 반대하는 이야기를 할 때, 때렸다, 뺏었다 같은 폭력의 행위만을 얘기하면, 무엇을 감추게 될까요?

청소년 : 주체.

맞아요. 학생인권 침해에 대해 얘기할 때 주로 어떤 언급들이 나옵니까? 폭력, 체벌, 두발검사, 압수와 같은 교사의 행동을 많이들 이야기하죠. 그런데 그 행위만 가지고 얘기하면 뭐가 사라집니까?

청소년 : 왜 했는지…….

네, 왜 그런 행위를 했는지, 왜 그런 현상이 일어나는지 주목하지 않게 됩니다. 그렇다면 선생님들은 왜 학생인권을 침해하는 일들을 할까요?

청소년 : 시키니까요.

누가 시켜요?

청소년 : 교육부.

교육부? 그렇다면 교육부는 왜 시킬까요?

청소년 : 정부에서 시키니까.

정부는 왜 시킬까요?

청소년 : 나라를 바로 잡기 위해서…….

재미있는 답변이네요. 나라를 바로잡는 것과 여러분 두발을 잡는 것이 무슨 관계가 있어요?

청소년 : 모르겠어요.

우리가 그걸 알아내면 진짜 비밀이 밝혀지는 거예요! (청중 웃음)

청소년 : 모범적인 이미지를 심어주기 위해서? 선진국 같은 데 보면 어느 정도 국민들 수준이란 게 있잖아요.

국민들의 의식이나 수준, 태도, 질 관리를 하기 위해서. 그래야 국가가 발전하니까. 이런 말이지요? 왜 바른 인식을 가진 국민들이 나라가 발전하기 위해 필요할까요?

청소년 : 바른 인식이라는 건 표면적인 이유 같고요, 그보다는 국가가 말 잘 듣고 명령 잘 따르는 국민을 만들려고 그런 것 같아요. 학교규칙도 그래서 만들고…….

통제하기 쉽게 하려고 그런다는 말이지요? 사실 바른 인식이라는 것도 명령을 잘 따르는 것과 다르지 않습니다. 여러분, 바른 시민의 제1 조건이 뭐지요?

청소년 : 규칙을 잘 지키는 것.

그렇죠. 법을 잘 지키는 것. 그래서 교칙을 준수해야 된다고 학교에서 끊임없이 가르치죠. 교칙을 잘 준수하는 사람은 결국 어떤 사람이에요, 이 친구 말에 따르면?

그 바른 인식을 갖고 있는 사람이란 결국 수동적인 사람, 시키는 대로 잘하는 사람입니다.

청소년 : 공산주의 생각이에요. 시키는 대로 하는 게…….

공산주의 국가가 아닌 우리 사회도 시키는 대로 따르는, 수동적인 사람을 만드는 교육을 하고 있는 거예요.

왜 학생·교사·학교 모두 두발자유에 집착할까? •••

제가 2001년에 교사가 된 후 아이들 두발 길이를 재는 게 이상해서 학생인권에 대해서 관심을 갖게 됐는데요, 학교를 옮기고 옮겨도 계속 두발자유를 얘기하는 거예요. 저는 이제 짜증이 나요. 두발자유 말고 다른 자유는 없나요? 두발자유 외에 여러분이 누리고 싶은 자유로는 뭐가 있습니까?

청소년 : 대학 가는 게 쉬웠으면 좋겠어요.

청소년 : 시험에 대한 압박감에서 벗어나고 싶어요.

청소년 : 원하는 수업을 골라 듣고 싶어요.

네, 그것 말고도 많을 거예요. 취직 걱정 없이 살 수 있으면 좋겠어요 등등. 그런데 어느 학교를 가든 학생들의 생각은 두발자유에 멈춰 있었습니다. 저는 이게 문제라고 생각했어요. 왜냐? 삶에는 아주 다양한 자유들이 있는데 학생들이 자유의 범위를 두발자유 그 이상을 생각하지 못하니까요.

고백하자면 저도 '두발집착녀'였습니다. 10년 동안 두발자유에 집착해왔어요. 교육부 장관도 엄청나게 집착하죠. 왜 그렇게 하나같이 두발에 집착할까요? 다음 글은 『페르세폴리스』라는 책의 일부분이에요. 종교적인 관습과 여자라는 이유로 자기 의지대로 할 수 없는 이란 소녀의 이야기를 담고 있습니다. 이 소녀가 어떤 것을 마음대로 할 수 없는지 책의 일부를 한번 읽어보겠습니다.

우리의 투쟁은 조용했다. 투쟁은 사소한 부분에서 이루어졌다. 우리의 지배자들에게는 별것 아닌 것도 국가 전복의 계기가 될 수 있었다. 팔목 보이는 것. 크게 웃는 것. 워크맨을 가지고 다니는 것. 간단히 말해서, 무엇이든지 우리를 잡아갈 구실을 만들 수 있었다. 심지어 한번은 빨간 양말 때문에 하루 종일 위원회에서 보낸 적도 있었다.

정권은 잘 알고 있었다. 집을 나서면서 스스로에게 이런 질문을 던지는 사람을. 내 바지가 충분히 긴 건가? 베일이 잘 씌워졌나? 화장한 게 너무 진한가? 나를 채찍으로 때리면 어쩌지? 이런 사람은 더 이상 다음과 같은 질문을 하지 않을 거라는 것을. 나의 사상의 자유는 어디 있지? 나의 언론의 자유는? 내 삶은 살 만한 걸까? 정치범들은 어떻게 된 걸까? 당연한 거다. 사람이 두려움을 가지면 분석과 사고의 개념을 잃게 되니까. 두려움은 우리를 마비시킨다. 그리고 언제나 두려움은 모든 독재체제에서 억압의 원동력이다. 그래서 머리를 보이게 하거나 화장을 하는 것은 당연히 저항의 행동이 된다.[*]

팔목을 보이는 것이 할 수 없는 일 중 하나예요. 옷으로 가려야 하죠. 지키지 않으면 일종의 생활지도부 같은 곳인 위원회에 끌려간다고 쓰여 있어요. 느낌이 오세요? 우리가 얘기했던 것처럼 바른 인식을 가진 국민을 만들기 위해서 학교규칙을 준수하도록 하고 규칙이 정한 세상을 만듦으로써 그 이상을 생각하지 못하게 하는 것과 똑같습니다.
학교에서 두발규제를 하는 이유를 뭐라고 이야기하죠?

청소년 : 공부에 방해된다. 나중에 커서 다 할 수 있다. 청소년은 미성숙하다.

생각해보면 학교 안에서 학생들이 자유롭게 할 수 있는 게 별로 없습니다. 머리 하나도 마음대로 하지 못하게 만들어놓고 '생각이 없다', '미성숙하다', '너무 자유롭게만 행동하려 든다', '네 미래에 대해서 깊게 생각을 해야지'라고 이야기합니다. 이건 너무 앞뒤가 안 맞는 처사라고 저는 생각합니다. 지금 무엇보다 필요한 건, 학생들을 성숙하게

[*] 마르잔 사트라피, 『페르세폴리스 2』, 최주현 옮김, 새만화책, 2005, 152쪽.

하는 공간으로 학교를 다시 탈바꿈하는 일이 아닐까요?

여러분, 두발·복장 자유화 등이 명시되어 있는 학생인권조례가 어떻게 만들어졌는지 아세요?

청소년 : 학생들이 시위해서.

네, 학생들이 '학생들의 인권이 존중되는 학교를 만들자'는 학생인권조례 취지에 동의하는 8만 5천 명의 서명을 받았습니다. 그게 시의회에 넘어가서 국회에서 '이건 시민들의 좋은 생각이다'라고 판단하여 공포가 되었습니다. 저는 이 정도 되면 진짜 학생인권이 다 보장되겠구나 하고 생각하고 있었습니다.

서울지역 학교에 다니는 분들께 물어볼게요. 학생인권조례가 시행되었나요?

청소년 : 아니요, 교장선생님이 개학한 날에 우리 학교는 아직 채택하지 않았다고 그랬어요.

청소년 : 위원회 같은 게 열렸는데 교사들과 학부모들이 반대해서 채택이 안 됐어요.

청소년 : 학생인권조례 전이나 후나 달라진 게 별로 없어요. 두발규제도 아직 많이 하고…….

청소년 : 저희는 두발규제, 두발 길이 제한이 있었는데 그것만 풀리고 다른 건 채택이 안 됐어요. 두발 길이 자유도 원래 처음에는 허용이 안 된다고 했는데 학생회 애들이 얘기해서 겨우겨우 통과됐어요.

두발 자율화 내용 등이 담긴 학생인권조례가 서울, 경기, 광주에서 공포되었을 때 저는 정말 깜짝 놀랐어요. 그런데 학생인권조례가 통과되자마자 교과부에서 학생인권조례와 관계없이 교사·학생·학부모가 합의해서 교칙을 정하라는 공문을 시행하였습니다. 학교법이 상위법이란 얘기가 이래서 나온 겁니다. 재미난 사실은, 실제 조례에는 교사·학생·학부모가 정한다 해도 학생들의 인권이 존중되는 범위 안에서 정하라고 명시하고 있다는 겁니다. 그런데 학교에서 이런 걸 알려줘요? 가르쳐주지 않죠. 왜 그런가 물으면 교과부에서 학생인권조례가 상위법 위반이라고 인정했다는 근거를 댑니다. 이 얘기는 뭔가요? 학교에서도 자기 생각을 말하는 게 아니라 다른 사람의 생각을 말한다는 거죠.

사실 학교에 있는 사람들 모두 그렇게 하고 있어요. 교장선생님께 '우리 학교는 왜 학생인권조례 시행 안 해요?'라고 물으면 '교과부에서 하지 말라고 했다'라는 답변이 돌아옵니다. 사회선생님에게 같은 질문을 하면 '교장선생님이 채택을 안 했다'라고 해요. 그러면서 덧붙이는 말이 있습니다. '나 개인적으로는 학생들 인권을 존중한다. 그런데 위에서 하지 말라고 해서 못한다.' 이렇듯 인권을 방해하는 가장 큰 문제는 자기 생각대로 말하고 행동하는 것이 아니라 시켜서 하는 것입니다.

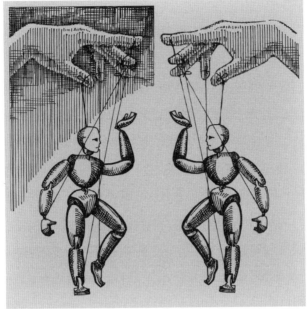

"왜 평범한 사람들이 폭력을 행사하고도 죄책감을 느끼지 못할까요? 권위자가 시켜서 하는 행위일 뿐 자신에게는 책임이 없다고 합리화하기 때문입니다. 어떤 명령이 있을 때, 이것이 옳은 지시인가? 인간적으로 할 만한 일인가? 판단하는 것이 인권을 살리는 첫걸음이 아닐까요."

왜 평범한 사람들이 잔인해질까? •••

아까 한 친구가 교장선생님이 힘이 없는 것처럼 느껴지는 이유가 뭐라고 했지요?

청소년 : 뒤에서 보이지 않게 지시할 수 있어서.

그렇다면 힘이 센 폭력은 무엇일까요? 보이는 폭력일까요, 보이지 않게 휘두르는 폭력일까요? 후자이겠죠. 예를 들어 원자폭탄 같은 것도 어떻게 떨어질 수 있어요?

청소년 : 버튼 하나로.

버튼 하나 누르는 건 누구의 지시예요? 상부, 권력자의 지시죠. 권력이 있는 사람이 가장 큰 폭력을 저지를 수 있습니다. 우리가 폭력을 물리적으로 때리는 행위만 생각하면 가려진 폭력을 볼 수 없다는 이야기를 했잖아요. 그러면 그런 폭력이 일어나지 않기 위해서는 어떻게 해야 될까요? 권력이 있는 사람이 뭔가 지시를 내렸을 때, 이것이 옳은 지시인가? 잘못된 지시인가? 비인간적인 지시는 아닌가? 판단할 수 있어야 돼요. 힘이 없는 사람도……. 그렇지 않아요? 내가 이 명령을 따를까 말까를 고민할 수 있어야 된다는 말이에요.

이것에 관한 유명한 실험이 있어요. 스탠리 밀그램이라고 하는 심리학자가 실험의 목적을 알려주고 않고 평범한 사람들을 실험참가자로 모집했습니다. 실험자는 실험참가자들에게 학생이 시험 문제를 틀릴 때마다 전기충격을 가하라고 지시를 내리죠. 다수의 실험참가자들은 도덕적으로 옳지 않은 일이라 생각했지만, 실험자의 명령에 따라 최대 450V에 해당하는 전기충격을 가했습니다. 이것이 그 유명한 '스탠리 밀그램의 권위에 대한 복종 실험'입니다. 이 실험의 참가자들이 폭력적인 행위를 하면서도 그것에 대해 죄책감을 느끼지 못한 이유는 무엇일까요?

청소년 : 시켜서 하는 거니까.

네, 권위자가 시켜서 하는 행위일 뿐 자신에게는 책임이 없다고 합리화했기 때문입니다. 여러분도 선생님들을 보면서 이상하게 생각하죠? '왜 선생님들은 저런 일을 하면서 죄책감을 느끼지 않을까?' 폭력이 많이 일어나는 공간에는 일반적으로 유사한 특징이 있습니다. 군대나 학교, 감옥처럼 폐쇄적인 공간이라는 점과 권력관계(상하질서)에 따른 명령과 복종이 그곳을 지배하는 강력한 법칙이라는 점입니다. 이런 특성이 강한 공간에서 폭력을 수행하는 사람은 잘못은 명령을 내린 권위자에게 있고 자신은 힘이 없어 권위에 복종할 따름이라고 스스로를 정당화합니다.

제가 학교폭력예방교육에 가면 학생들에게 '학교폭력이 무엇인가?'를 이렇게 설명했습니다. 그것은 법적인 정의였습니다. "학교 내외에서 학생을 대상으로 발생한 상해, 폭행, 감금, 협박, 약취, 유인, 명예훼손, 모욕, 공갈, 강요, 강제적인 심부름 및 성폭력, 따돌림, 사이버 따돌림, 정보통신망을 이용한 음란·폭력 정보 등에 의해서 신체, 정신 또는 재산상의 피해를 수반한 행위를 말한다." 반면 저희 반 학생은 '내가 당한 학교폭력'을 이렇게 이야기했습니다.

내가 당한 학교폭력 (학생활동)

상해, 폭행	맞을 짓을 했으니까 맞자.
감금	너 남아.
협박	너 안 하면 벌점이야!
	부모님 모시고 오라고 할 거야 .
유인, 약취	너 교무실로 내려와!
	휴대폰 압수야.
명예훼손, 모욕	니네 엄마가 그렇게 가르치던?
강요 · 강제적인 심부름	남학생 5명 내려오세요.
성희롱, 성폭력	(훑어보며) 예쁘게 생겼다.
금품갈취	불우이웃돕기 2000원 이상.
빌려 쓰는 것	휴대폰 한 달 이상 압수당했다가 돌려받음.

이런 행위를 하면서 왜 학교나 교사는 인권침해라고 느끼지 못할까요?

청소년 : 당연한 걸로 받아들이니까요.

학생에 대해서 권력이 있다고 느끼는 거예요. 학교에 권력이 있다고……. 그렇기 때문에 불우이웃돕기를 한다고 하면 '돈으로 기부할래, 어디 가서 봉사활동을 할래?' 이렇게 묻지 않습니다. '학교에서 불우이웃돕기 하기로 했어. 천 원 낼 거야, 2천 원 낼 거야?' 이렇게 일방적으로 지시하죠. 그런 행동을 하면서도 '이게 혹시 인권침해가 아닐까?', '우리가 지금 갈취를 하고 있는 건 아닐까?', '성희롱이 아닐까?' 고민하지 않는 것은 학교 또는 교사는 학생들에게 당연히 그럴 수 있다고 생각해서입니다.

그러므로 이런 폭력의 문제를 해결하기 위해 가장 중요한 점은 무엇일까요? 바로 어떤 명령이 있을 때 이게 권력자가 내린 명령이어서 하는 게 아니라 인간적으로 할 만한 일인가 안 해야 할 일인가를 스스로 생각하는 것이 인권의 첫걸음입니다.

학생인권조례 제정, 그 후 •••

여러분이 학교에서 배우는 갈등해결 방법은 무엇인가요? 보다시피 학교라는 공간은 토론과 설득 과정이 없는 '강제'에 익숙합니다. 교사는 지시를 하고, 학생은 복종을 하거나 거부를 하면 '너 맞고 할래, 그냥 할래'가 바로 학교의 풍경이었죠. 이런 상황에서 학생도 교사도 유일하게 알고 있는 문제해결 방법은 폭력이 아닐까? 저는 이런 생각이 들었습니다. 학교뿐만 아니라 가정도 다르지 않죠. 길거리나 지하철에서도 나이가 어리다는 이유만으로 막말을 하거나 함부로 대하는 경우를 흔하게 봅니다. 존중받아본 경험이 없는 사람은 다른 사람을 존중하는 방법을 알지 못하지요. 학생 간 폭력이 늘어나는 것도 이런 일상적인 폭력의 문화에 우리가 길들어 있기 때문이라고 생각합니다. 그래서인지 학생들도 '맞을 짓 한 놈은 맞아야 하는 거 아니에요?' 이렇게 이야기해요.

제가 학생들에게 '학교폭력 장면을 봐도 왜 말하지 않아?' 하고 물었더니 이런 얘기를 해주더군요.

"일본 원전이 터져서 우리나라도 방사능에 오염되는 거 아니냐고 아이들끼리 막 얘기 중이었어요. 그때 선생님이 들어오셔서 '선생님, 원전이 터지면 어떻게 되나요?'라고 여쭤봤더니 쓸데없는 일에 나서지 말고 공부나 하라고 했어요."

학생들이 다른 뭔가에 관심을 가지면 학교에서 주로 뭐라고 가르쳐요? '쓸데없는 일에 관심 갖지 말고 공부나 해!' 이렇게 교육받는 학생들이 친구가 옆에서 학교폭력을 겪는다고 한들 갑자기 관심을 보이진 않는다는 얘기죠. 학교에 뭔가 일이 있을 때 학생들에게 '여러분이 한번 해결해봅시다. 여러분이 한번 생각을 내보세요.' 이렇게 질문받은 적 있어요? 어떤 문제가 터졌을 때 '여러분이 이 문제의 열쇠입니다. 여러분이 참여해서 뭔가를 해보세요.' 이런 말 들어본 적 있나요?

청소년 : 징계할 때 학생한테 변호사 선임을 해줬어요.

비교적 훌륭한 학교네요. 학생을 징계하면서 변론권을 행사할 수 있도록 보장한 거군요. 징계 이외의 문제는 어떤가요? 학교의 일상적인 사안을 결정할 때, 학교행사를 어떤 식으로 진행할까? 단축수업을 할까 말까? 동아리 활동을 어떻게 운영할까? 급식이 더 영양 많고 맛있어지려면 어떻게 해야 할까? 이런 것들을 학생들과 함께 논의하는 학교는 안타깝게도 많지 않은 것 같습니다.

대다수의 학교에서 어떤 문제를 해결할 때 학생에게 권한이 있지 않습니다. 일상적으로는 참여를 통해 문제를 해결하는 경험을 할 수 없는 것이지요. 그저 학교에서 결정한 대로 따르고 방관하도록 강요받지요. 이는 학생들을 문제를 해결하는 주체로 보지 않는 것이죠. 그런데 유독 학교폭력의 상황에만 방관하지 말라고 합니다. 물론 방관하지 말고 갈등을 해결해보라고 하는 것은 아니죠. 그저 신고하라고만 가르칠 뿐입니다.

신고하는 것 역시 남에게 해결을 넘기는 것이라는 점에서 못 본 체하는 것과 별반 다르지 않습니다. 그런데 신고는 그 후에 처리과정에서 증언을 해야 하는 번거로움과 동시에 고자질쟁이라는 사회적 위협이 남아요. 스스로 문제를 해결해본 적 없는 학생들이 이런 번거로움과 위협을 감당하면서 신고할 수 있을까요?

이미 존재하고 있는 힘이 폭력적인 것으로 변화하지 않도록 제어하려면 그저 신고하거나 못 본 척하는 데 그치는 것이 아니라 강한 사람과 약한 사람으로 나누어진 힘 관계를 수평적으로 만드는 도르래 역할을 하는 힘이 필요합니다. 학생인권조례라는 것도 이런 지렛대 역할을 하기 위해 만든 것이지요.

지금까지 인간적인 대접을 받지 못하고 무시당하고 차별당하는 사람들에게 그 차별이 당연한 것이 아니라는 것을 선언하면서 힘을 실어주는 것이 인권선언이었거든요. 학생인권조례 역시 나이가 어리다는 이유만으로 무시당하거나 차별당하는 것은 부당하다는 선언을 통해 공부를 잘하든 못하든, 집이 잘살든 못 살든, 주먹을 잘 쓰든 못 쓰든 차별받을 이유가 되지 못한다고 알림으로써 차별받는 학생들을 지지하는 지렛대 역할을 하는 것입니다. 또 학생들에게 스스로 문제를 해결하는 자치활동의 권한을 보장한 선언이기도 하죠. 회장들끼리 얘기해서 두발 길이가 달라지는 정도에 그치는 게 아니라, 학칙 재개정, 학교에서 일어나는 온갖 문제들에 대해서 학생들이 주체가 돼서 해결하겠다는 겁니다.

학교 문제까지 가지 않아도 돼요. 두발·용의복장 문제만 봐도 충분해요. 내 얼굴이 네모형인데 혹은 큰데, 내 얼굴에 맞는 머리스타일을 스스로 결정해야 하지 않느냐. 사람마다 체형이 날씬하거나 뚱뚱하거나 키가 작거나 모두 다른데, 내 몸에 맞는 옷은 내가 고를 수 있어야 하지 않느냐. 이런 걸 내가 연습하는 기회가 있어야 하지 않느냐. 학생도 똑같은 인간인데 다른 사람에게 피해를 주지 않는 것이라면 자기 스스로 결정할 수 있어야 하지 않느냐. 이렇듯 학생인권조례는 학생을 인간으로 보고 이들의 자유와 권리, 존엄을 보장하기 위해 제정된 겁니다.

이렇게 되려면, 학생들 생각이 어떤지 알아야 하니까 뭘 해야 돼요? 학생들 생각을 모으려면? 모여서 **회의**를 해야겠죠. '이건 학교 문제가 아닐까? 어떻게 해결해야 될까?' 회의를 하고 학생들 의견을 물으려면 **설문조사**도 해야겠죠. 의견이 모이면 인터넷이나 외부에 '우리 학교에 이런 문제가 있다'라고 알리기도 합니다. 문제해결의 방법으로 학생들이 **집회·시위**를 해야겠다고 결정했다면 집회도 할 수 있습니다. 이런 것들은 약자들이 스스로를 일으킬 힘을 모으는 방법입니다. 그런데 지금까지는 학생들이 이런 일을 할 수 없었어요. 약자들인 학생들이 힘을 모으는 것이 금지되어 있었지요. 즉 학생인권조례는 강자와 약자의 먹이사슬을 넘어서서 모든 사람들을 존중하는 민주적인 힘을 모아내자는 취지로 만들어진 것이지요.

문제는 두발, 용의복장, 급식에 대한 권리, 환경에 관한 권리 등 30개의 권리조항으로 이루어진 학생인권조례가 제정되면 이 모든 권리를 단번에 누릴 수 있을 거라고 학생들이 기대했다는 겁니다. 그런데 현실은 그렇지가 못해요. 왜 그럴까요? 조례에 강제사항이 없기 때문입니다. 여러분 스스로가 지키라고 요구해야 할 것을 교장에게 맡기기 때문이에요. 이건 무슨 의미인가요? 학교에 인권이 살아 있도록 만드는 것은 학생 여러분들에게 달려 있다는 말이겠죠. 조례에 보장된 권리를 여러분 힘으로 찾아야 해요. 조례 자체가 힘이 있는 것이 아니라 조례가 여러분 스스로 힘을 만들 수 있도록 보장하고 있는 것입니다.

학교에서 가르치는 것은 굴복하는 법인가? • • •

방금 전 쉬는 시간에 한 친구가 제게 상담을 해왔어요. 두발과 관련한 잘못이 아닌데도, 뭔가 잘못했다고 징계로 학교에서 머리를 밀었대요. 이를테면 학생이 담배를 피우다가 걸렸는데, 그 징계로 머리를 미는 식의 지도를 한 겁니다. 여러분, 담배를 피우는 것과 머리를 미는 것이 상관이 있습니까? 없어요. 차라리 금연초를 준다든지, 학생이 스트레스를 받아서 담배를 피우는 것이라면 스트레스의 원인을 상담으로 파악할 수는 있겠습니다. 그런데 두발과 흡연은 전혀 관계가 없습니다. 머리를 민다고 흡연의 욕구가 없어지는 게 아니잖아요.

이건 조금만 생각해보면 알 수 있는 대표적인 인권침해 사례예요. 그럼에도 불구하고 학교의 권위가 이런 일을 한다는 말이에요. 누군가에게 머리를 밀리고 나면 어떤 마음이 들어요? 이런 꼴을 다시 당하지 않기 위해서라도 같은 일을 하지 말아야겠다, 이런 생각이 들잖아요. 너무 굴욕적인 경험이니까. 그걸 원하는 거예요. 그렇게 해서 굴복하는 것.

'담배를 왜 피우는가, 담배가 왜 몸에 안 좋은가'를 생각하는 걸 가르치는 게 아니라 '내가 이렇게까지 당했으니까 여기서 꼬리를 내려야겠다'는 식의 복종하는 법을 가르치는 거죠. 사실은 그런 것들이 나한테 인간적인가 인간적이 아닌가를 고민할 수 있는 힘이 필요한 거예요.

내가 비인간적인 대우를 당했을 때 '이거 인권침해 아니에요?'라고 학생들이 저에게 많이 물어봅니다. 그러면 저는 이렇게 대답합니다. '학생인권조례 찾아봐. 거기에 관련된 조항이 있는지, 없는지.' 예컨대 내가 굉장히 모욕을 당한 것 같아요, 내가 이걸 회복하기 위해서 힘이 되는 근거들이 학생인권조례에 있는지 없는지, 아니면 학생인권조례에서 제시하는 해결방식으로 이 문제를 풀 수 있는지 없는지 스스로 따져보는 겁니다.

약자가 힘을 만드는 또 하나의 방법은 언론의 자유가 보장된 권리를 활용하는 것입니다. 몇 해 전에 서울의 모 여자중학교에서 공청회를 하지 않고 회장, 부회장 몇 명만 불러 모아서 규정을 만들어 그냥 통과시켜버린 일이 있었습니다. 양말규정에 관한 것이었는데요, 그걸 어떤 학생이 인터넷에 올렸고 이 사실을 안 학교에서 해당 학생을 징계하려고 했답니다. 이 사건을 인터넷을 통해 본 신문 기자가 학생 동의하에 취재하여 기사를 내보냈습니다. 크게 기사화되자 교육청에서 해당 학교에 출동했고, 즉각 해당 학교에서 앞으로는 그런 일이 없도록 하고 공청회를 다시 열겠다고 약속하는 등 조치를 취했습니다.

만약 학생이 이런 일을 벌이면 학교에서는 뭐라고 이야기합니까? '너 어디서 그런 거 배웠어?' 반응이 이렇습니다. 그 학생이 한 일이 뭐지요? 공청회 없이 규정을 만들어 발표한 학교의 처사가 잘못되었다는 요지의 글을 인터넷 게시판에 올렸고, 다른 학생들의 의견을 모았습니다. 한 학생만 글을 올리면 묻히기 쉽습니다. 그런데 이 학생이 글을 올리자 같은 학교의 학생들이 댓글을 무수히 많이 달았습니다. 학생들이 권력에 대항하는 힘을 만든 것이죠. 이에 학교가 긴장을 하고 해당 학생을 징계 조치하려 했던 겁니다.

언론이나 인터넷에 알리는 것은 학생인권조례에서 보장하는 내용입니다. 공포된 법에 있는 내용이에요. 중요한 건 이것을 어떻게 이해하고 해석하고 활용하는가는 학생들에게 달려 있다는 점입니다. 이게 나쁜 짓이 아니라 학생인권조례에 보장된 권리라는 것을, 나에게 당연하게 보장된 권리라는 것을 학생들 입으로 증언해야 한다는 말이죠. 그래야 당연한 듯 벌어지는 차별과 부당한 것에 맞설 힘이 생기게 되는 것이지요.

폭력에 맞서는 힘 : 당연한 것을 의심하기 •••

노예제가 있던 시절, 아프리카의 흑인들은 배에 짐짝처럼 실려 유럽으로, 아메리카로 팔려나갔습니다. 이들은 배 아랫부분 닭장 같은 곳에 갇혀서 1~3개월씩 보냈고요, 통풍도 되지 않는 좁디좁은 그곳에서 용변까지 해결해야 했습니다. 당시 흑인들을 이렇게 대우했던 이유는 이들을 인간으로 보지 않았기 때문입니다. '흑인은 원래 성질이 순하고 복종을 잘하며 야만스럽고 더러우며 게으르며 자주성이 없고 거짓말을 잘하고 믿을 수 없다.' 이것이 그 시대를 지배한 생각이었습니다. 이 얘기를 누가 했을까요?

청소년 : 백인.

백인들, 그것도 굉장히 유명한 철학자, 사회학자, 권위 있는 사람들이 그랬습니다. 그걸 보고 흑인은 저렇게 대우해도 된다는 생각이 당연한 것으로 자리 잡게 되었죠.

여성도 마찬가지입니다. 여성이 투표권을 얻은 것은 100년이 채 안된 일입니다. 미국에서 모든 여성이 투표권을 얻은 것은 1960년대 들어서였습니다(1920년에 백인여성에 한해 투표권을 인정하였습니다만). 여성의 투표권을 인정하지 않았던 이유로는 '여성은 뇌가 없다, 자궁이 몸 안에 돌아다녀서 분별력이 떨어진다, 남성의 부속물로 독립적으로 살 수 없다' 따위가 있었습니다.

우리나라에서 호주제가 폐지된 지도 얼마 안 됐어요. 여자는 주민등록상에 혼자 등재될 수 없고 늘 주인이 있었어요. 결혼하기 전에는 아버지, 결혼한 후에는 남편 밑에 있었죠. 신용카드를 만들 때도 아버지나 남편의 허락을 받아야 했던 게 호주제였어요.

중세시대에 마녀사냥이란 게 있었습니다. 독자적이고 판단력이 있는 여성을 마녀라 칭하고 돌팔매질을 했습니다. 모든 판단은 신이나 신을 대리한 남자가 내린다고 여겼던 당시, 스스로 판단하는 여성을 마녀로 낙인찍어 고문하고 처형했습니다. 이런 것들이 다 유명한 생물학자들, 진화론자들이 만들어낸 생각입니다.

다들 기억하겠지만, 2009년 초 우리나라에 용산참사가 있었습니다. 국가의 폭력 진압으로 여섯 분이 돌아가셨지요. 그것에 대해서 국가는 참가자들이 폭력시위를 했으며 화염병을 이미 준비하고 있었다고 주장합니다. 자신들이 헬리콥터를 띄우고 중장비와 병력을 앞세워 사람들을 몰아간 것에 대해서는 전혀 얘기가 없죠. 그 이유가 뭘까요? '우리에게 권위가 있다', '질서를 유지하기 위해 경찰이 시위를 진압할 수 있다', 집회 및 시위에 관한 법률에서 이를 뒷받침한다고 믿기 때문이겠죠. 권력을 등에 업고 인권침해를 당연하게 하는 거예요.

몇 해 전, 어느 공립대안학교에서 학생들에게 '감옥 체험'을 하게 해 논란이 된 적이 있습니다. 감옥에 가지 말아야겠다는 생각이 들려면 감옥이 얼마나 비인간적인지 경험해봐야 된다는 이유로 실시했다고 합니다. 이때의 기본전제는 '학생들은 미성숙하다', '학생들은 아직 분별력이 없다'는 믿음입니다. 이게 지금 시대를 관통하는 생각이죠. 왕따 문제는 어떻습니까? '왕따를 왜 시키냐?', '왜 친구에게 폭력을 쓰는가?'라고 학생들에게 물어보면 돌아오는 대답이 이렇습니다. '잘난 것 없이 나댄다', '신기하게 생겼다', '친구가 없다. 친구가 없다는 것은 본

인에게 문제가 있다는 증거다' 등등.

가해자가 폭력적인 행위를 쉽게 선택하는 데는 나름의 이유가 있지요? '노예는 복종을 잘한다', '여자는 뇌가 없다', '시위참가자가 폭력시위를 했다', '왕따를 당하는 학생에게 문제가 있다'는 식으로 피해자가 원인을 제공했다고 믿는 겁니다.

폭력을 뒷받침하는 생각은 어떤 것입니까? 노예라는 이유로, 여자라는 이유로, 힘이 없는 서민이라는 이유로, 친구가 없는 왕따라는 이유로 차별이 당연시되는 겁니다. 그리고 그 차별을 뒷받침하는 것은 권력입니다. 내가 남자니까, 내가 경찰이니까, 내가 교사니까 하는. 그러므로 폭력에 맞서는 중요한 두 가지 방법은 폭력 뒤에 숨은 권력을 알아봐야 한다는 것과, 차별을 만드는 권력에 주목해야 한다는 겁니다.

대부분의 사람들이 모욕적인 경험을 당했을 때 그럴 만한 이유가 자기한테 있다고 생각하기 쉽습니다. 이때 여러분이 기억해야 될 것은 '그 이유가 내가 모욕을 당할 정도의 이유가 되는지' 의심하는 것입니다. 노예였다면 '나는 복종을 잘하고 순종적이기 때문에 이렇게 대우받아도 마땅한가?', 여성이었다면 '나는 뇌가 없으니까 투표에 참여하지 않아도 되는 건가?' 고민해야 됩니다. 학생이라면 '나는 정말 미성숙하기 때문에 두발을 내 마음대로 할 수 없는 걸까?' 이런 질문을 품어봐야겠죠. 그래야만 이런 폭력과 차별로부터 맞설 수 있는 힘이 생깁니다.

많은 이야기를 여러분과 나누었지만, 전하고 싶은 메시지는 간단합니다. 바로 어떤 모욕적인 순간을 당했을 때 그걸 당연하게 여겨서는 안 된다는 거예요. 그게 '인간적으로 내가 당할 만한 일인가?' 한 번쯤 생각해봤으면 좋겠다는 거죠. 또 내가 힘이 있는 상황에 있을 때도 '다른 사람에게 내가 하는 행동이 인간적으로 할 만한 일인가?'라고 생각할 줄 알아야 합니다. 누가 시킨 일이라고 해도 마찬가지예요. 대부분의 일은 온전히 나 혼자서 하지 않아요. 학생이 혼자서 폭력을 행사하는 경우는 많지 않아요. 모여서 집단으로 하잖아요. 이때 생각이 마비되는 겁니다. '내가 이 친구에게 무슨 짓을 하고 있는 거지?' 전혀 생각하지 못하죠.

저도 스스로에게 이런 질문을 던졌습니다. 선생님으로서, 강자로서 학생들의 휴대전화를 함부로 압수하고 두발 제한을 아무런 문제의식 없이 하는 건 아닌가. 학생이라면 어떤 친구를 힘이 없다는 이유로 함부로 대하고 있지 않나, 고민해보는 게 인권입니다. 이것이 세상 어느 곳에서나 만날 수 있는 힘이 다른 사람을 억압하는 권력이 되거나 괴롭히는 폭력이 되지 않고, 약자가 스스로 설 수 있는 힘이 되도록 지렛대 역할을 하는 것이지요. 제 이야기는 여기서 마치겠습니다. 질문 있으신 분 있나요?

청소년 : 언론이나 학교에서 일진, 일진 하는데 일진이 뭐예요?

조영선 : 저도 궁금해요, 일진은 누구일까요? 제가 썼던 글 중에 '이주호 교과부장관이야말로 최고 일진이었다'라는 글이 있습니다. 왜 그런지 아시겠죠? 권력을 쥐고 보이지 않게 온갖 폭력을 행사했잖아요. 학교폭력 대책이랍시고 일진 명단을 내라고 요구하기도 했고요. 저희 학교는 거부했습니다만, '시키는 대로 버튼을 누른' 학교에서는 명단을 제출했고 명단에 오른 학생들이 경찰서에서 조사를 받았다고 하지요.

"일진은 누구일까요? 오토바이 타고, 삥 뜯는 학생인가요? 삥을 뜯는다면 몇 차례 이상 뜯어야 일진인가요? 세상의 시선이 아니라 여러분의 시선으로 생각해보십시오. 여러분의 눈으로 보면 가정, 학교, 나아가 우리 사회의 문제를 해결할 수 있는 힘이 생길지도 몰라요. 사실 힘은 우리 안에 있습니다."

그 일로 학교폭력이 얼마나 근절되었는지는 모르겠지만, 그 과정 자체를 생각해보면 교사로서 학생들에게 너무 미안합니다.

지금 굉장히 중요한 질문을 하신 거예요. 그리고 이런 질문이야말로 학생들이 해야 하는 문제제기이고요. 일진의 기준이 뭐냐? 일진이 아까 말한 대로 오토바이 타고, 삥 뜯는 학생인가요? 삥을 뜯으면 몇 차례 이상 뜯어야 일진인가요? 말했다시피 진짜 일진은 직접 삥을 뜯지 않잖아요. 세상이 이야기하는 일진의 기준을 따지고 들어가보면 그게 어떤 학생들의 이미지를 덧씌우고 옭아매려 하는 올무라는 걸 알게 됩니다.

가장 큰 학교폭력은 어쩌면 시험에 대한 긴장을 놓치지 않고 한순간도 살 수 없는 것인지도 몰라요. 시험 때 여러분이 느끼는 긴장감과 고통의 정도와 일진한테 삥 뜯길 때의 고통의 정도, 어느 게 큰가요? 후자의 고통이 얕다는 말을 하려는 것이 아니라 왜 이 고통만 얘기하느냐는 거예요. 그리고 일진이라고 불리는 학생들도 처음부터 일진이었을까요? 이들은 가정이나 학교에서 배제되어왔거나 상처받은 경험이 있는 건 아닐까요? 자기 존재감을 인정받는 것이 남에게 폭력 쓰는 것밖에 없었던 건 아닐까요?

제가 볼 때, 학교폭력이 없어지려면 시험이 먼저 없어져야 돼요. 사람이 스트레스를 받지 않아야 남을 괴롭히지 않습니다. 교육제도나 학교 시스템을 바꾸는 노력은 전혀 안 하면서 일진이라 불리는 학생들을 경찰서에 보내는 것이 과연 효과가 있을까요?

세상의 시선이 아니라 여러분의 시선으로 생각해보십시오. 누가 시켜서 하는 생각이 아니라 여러분의 눈으로 보면 가정, 학교, 나아가 우리 사회의 문제를 해결할 수 있는 힘이 생길지도 몰라요. 사실 힘은 우

리 안에 있습니다. 그걸 우리가 알아채지 못할 뿐이죠. 인문학교실에
서 꼭 그런 힘을 얻게 되길 바랍니다.

인권을 위한
끝나지 않는 질문

하승수

대학에서 경영학을 전공했는데, 엉뚱하게 대학을 졸업할 무렵부터 법을 공부하기 시작해 변호사가 되었다. 그런데 변호사 휴업을 한 지는 오래됐다. 시민운동, 인권, 민주주의, 정의, 공생, 청소년 같은 키워드에 관심이 많아서 1996년부터 시민사회에서 다양한 활동을 해왔다. 후쿠시마 사고를 보면서 녹색당 창당 작업에 뛰어들었고, 전(前) 녹색당 공동운영위원장을 역임했다. 비례민주주의 연대 공동대표를 거쳐 지금은 공익법률센터 농본 대표로 있다. 지은 책으로 『청소년을 위한 세계 인권사』, 『지역, 지방자치, 그리고 민주주의』, 『녹색당 선언』(공저), 『행복하려면, 녹색』(공저) 등 이 있다.

반갑습니다, 하승수입니다. 제가 10여 년 전부터 청소년들을 상대로 인권 교육을 해왔는데 그게 참 쉽지 않더라고요. 인권이라는 단어를 평소에 잘 쓰지 않잖아요. 요즘에는 학생인권조례가 생겨 여러분에게 친숙할지 모르지만, 예전에는 일상생활에서 그다지 많이 쓰이지 않았고 인권 하면 어렵게 생각하는 경향이 강했어요. 왜 그런가 생각해보면 인권이 공기와 같아서 그런 게 아닌가 싶습니다. 우리가 마시는 공기처럼, 있을 때는 잘 모르는데 막상 없어지거나 내 인권이 제약을 당하면 그제야 소중함을 느끼게 되는 것이 인권이기 때문이지요. 오늘은 인권이 인간역사 속에서 어떻게 발전해왔는지, 지금은 또 어떤 수준에 와 있는지 살펴보려 합니다.

누가 인간인가? •••

먼저 재미없는 것부터 살펴보고 갑시다. 사회교과서 같은 걸 보면 인권을 어떻게 설명하나요? 인권이란 건 태어날 때부터 가진다고 해서 "천부적인 권리"라는 말도 하고, "빼앗기거나 누구에게 양도할 수 없다"는 얘기도 하죠. "자연적이며 양도할 수 없는 신성한 권리", 이런 문장이 눈에 익을 텐데요, 세계인권선언문에서도 비슷한 표현이 나옵니다. 세계인권선언문 제1조는 "모든 사람은 태어날 때부터 자유롭고 존엄성과 권리에 있어 평등하다. 사람은 이성과 양심을 부여받았으며 서로에게 형제의 정신으로 대하여야 한다"라고 쓰고 있습니다. 굉장히 좋은 말인데 딱 와 닿지가 않습니다. 인권에 대한 설명이 대부분 이래요. 다 좋고 훌륭한 말이긴 한데 공감하기 어렵죠.

저는 단순하게 생각해보겠습니다. 인권은 인간의 권리입니다. 영어로도 human rights라고 하잖아요. 인권을 '인간의 권리'라고 단순하게 생각하면, '누가 인간인가', 그리고 '어떤 권리가 있는가' 이런 질문이 남습니다.

여기 계시는 분은 다 인간이죠, 그렇지요? 그런데 과거에는 아동을 인간으로 보지 않았던 시절이 있었습니다. 부모의 소유물처럼 생각하기도 했어요. 여러분 가운데 절반 정도는 여성인데요, 20세기까지 여성에게는 투표권이 없었습니다. 흑인은 미국에서 1965년까지 사실상 투표를 할 수 없었습니다. 미국의 앨라배마 주에서 1965년에 투표를 할 수 있는 흑인은 전체 흑인 중 2%밖에 안 됐다고 합니다. 98%의 흑인이 투표를 하지 못했어요. 여성과 흑인에게 투표권이 없었다는 말은 당시 시대가 여성과 흑인에게 판단능력이 없다고 보았다는 것을 의미

합니다. 온전한 인간으로 인정을 안 했다는 거죠.

　지금 우리 사회에 청소년 인권이 중요한 문제로 떠오르고 있어요. 학생인권조례를 둘러싼 논쟁의 핵심도 사실 '청소년이 인간인가, 아닌가'라는 문장으로 정리할 수 있습니다. 청소년이 스스로 판단하고 자기 문제를 결정할 수 있는 인간인가? 아니면 어른들의 지시를 따라야 하는 수동적인 존재이자 보호의 대상일 뿐인가? 말하자면 이런 문제인 거죠. 사람이라면 마땅히 스스로 판단하고 자기 의견을 말할 권리가 있어야 합니다. 그런데 그런 권리가 없다는 것은 인간으로 보지 않는다는 말과 다르지 않죠.

어떤 권리가 있는가? • • •

'어떤 권리가 있는가?'라는 질문도 그동안 많이 이루어져온 논의거리입니다. 여러분은 이 자리에 자발적으로 오셨나요? 요즘에는 휴식권, 쉴 권리가 중요하게 회자되고 있습니다. 그런데 인간에게 쉴 권리가 있다는 이야기를 시작한 지는 그리 오래되지 않았습니다. 인간에게 어떤 권리가 있는지에 관한 것은 계속 상상할 수 있는 주제이고, 또 그러면서 인간의 권리는 계속 확장되어 왔습니다.

　지금의 우리는 누구나 일정한 나이가 되면 투표권을 가진다고 당연하게 생각하는데 예전에는 그렇지 않았습니다. 200년 전까지만 하더라도 일정 수준의 재산이 있는 남자가 아니면 투표권이 없었고 여러 권리를 누리는 데 제약이 있었습니다. 남자라 하더라도 재산이 없거나 부유한 집안에서 태어나지 않으면 온전한 인간으로서 투표권을 행사하기가 어려웠습니다.

　개인이 종교를 마음대로 선택할 수 없던 시절도 있었습니다. 지금은 종교를 믿고 싶으면 믿고, 믿기 싫으면 안 믿을 수 있습니다. 예전에는 그런 자유가 없었어요. 왕이 가톨릭을 믿으면 그 나라 백성들은 다 가톨릭을 믿어야 했고 그게 싫으면 다른 나라로 가든지 해야 했죠. 지금은 종교 선택의 자유를 당연하게 생각하잖아요. 그렇다고 이 문제가 다 끝난 문제인지 생각해보면 또 그렇지가 않아요. 여러분 중에 종교 재단이 운영하는 사립학교를 다니는 분이 있는지 모르겠는데, 기독교 학교에 다니다 보면 자기 의사와는 무관하게 종교와 관련된 얘기를 들어야 하거나 종교행사에 참석해야 될 때가 있습니다. 10년 전쯤 강의석이라고 하는 고등학생이 이 문제를 가지고 1인 시위를 벌인 적이 있습니다. 왜 학교에서 특정 종교행사에 참석하거나 그와 관련한 수업을 듣도록 강요하느냐, 왜 학교에서 종교의 자유를 인정하지 않느냐 하는 문제를 공론화한 것이죠.

　지금은 조금 나아졌는데 대학에서도 이런 문제들이 존재합니다. 종교 재단에서 설립한 대학에 다니면 의무적으로 그 종교와 관련된 학점을 따야 졸업이 가능한 경우가 있습니다. 종교의 자유가 지금은 다 보장이 된 것 같지만, 자세히 들여다보면 그렇지 않은 거예요.

　결국 인권의 역사란 누가 인간이고 또 어떤 권리가 있는지에 대해서 계속 사람들이 토론하고 논쟁하면서 그 범위를 넓혀온 역사라고 할 수 있습니다. 어떤 때는 앞으로 나아갔다가 어떤 때는 뒤로 물러서기를 반복하면서 말이죠.

테러범을 잡기 위한 고문은 정당한가? •••

어떤가요? 인권의 역사라고 해서 옛날이야기이기만 한 건 아니지요? 지금까지도 계속 이어지고 있는 문제 아닌가요? 인권의 역사가 여러분과 아무런 상관이 없지도 않습니다. 앞서 예를 든 투표권, 종교의 자유, 휴식권 등은 여러분이 살아가는 데 아주 중요한 문제이지요. 오늘날 첨예하게 대립하고 있는 인권 문제도 많습니다. 그중의 하나로 고문 문제가 있습니다.

우리나라에서 고문은 거의 없어졌지만, 전 세계적으로 볼 때 아직까지 다 없어진 것은 아니에요. 많은 사람들이 선진국이라고 알고 있는 미국에서 9·11 테러사건 이후 고문과 관련하여 뜨거운 논쟁이 붙었습니다. 예를 들어 굉장히 많은 사람을 죽거나 다치게 할 수 있는 테러범의 위치를 알 법한 사람을 정부기관에서 찾았다고 칩시다. 정부기관(경찰 혹은 검사)에서 그 사람에게 테러범의 위치를 대라고 추궁하는데 대답을 하지 않습니다. 이런 경우, 그 사람을 고문이라도 해서 테러범을 찾을 필요가 있지 않는가 하는 주장이 나올 수 있습니다. 이런 주장을 펼치는 이들의 논리는 이렇습니다. 테러범이 실제로 테러를 하면 수백, 수천 명의 사람이 죽을 수 있는 상황이기 때문에, 한 사람을 고문해서 테러범의 위치를 알아낸다면 수백, 수천 명의 사람을 구할 수 있다는 것이죠. 이 같은 논쟁이 미국 안에서 여전히 이루어지고 있습니다. 여러분은 어떻게 생각하나요? 테러범을 찾기 위한 고문은 정당한 일이 될 수 있을까요? 아니면 고문은 무조건 안 되는 것일까요?

중세시대에 마녀사냥이 있었습니다. 서양에서 특히 1600년대에 심했는데, 이 마녀사냥이라는 것도 제가 지금 말씀드린 이야기와 크게 다르지 않습니다. 생각해보세요. 중세시대에는 의학과 과학이 발전하지 않았기에 전염병이 돌면 심할 때는 전체 인구의 20~30%가 죽기도 했습니다. 전염병이나 자연재해로 엄청난 사람들이 죽어나갈 때, 소위 말해서 권력을 가진 사람들, 당시로 보면 영주나 가톨릭교회가 알 수 없는 공포와 불행의 원인을 마녀한테로 돌렸습니다. 마녀를 찾아 없애면 이런 전염병이 안 돌고 사람들도 안전하게 살 수 있다면서 말이죠.

오래전 일이라 정확하게 알 수는 없지만, 그렇게 마녀로 몰려서 죽은 사람이 당시 수만 명에서 수십만 명에 달했다고 합니다. 마녀 하면 떠오르는 이미지가 어떻죠? 일단 남자인가요? 여자인가요? 여자입니다. 나이가 많은가요? 적은가요? 주로 나이 든 여성, 그리고 혼자 사는 여성이 마녀로 몰렸습니다.

마녀로 몰리려면 증거가 있어야 했는데 그 당시 마녀를 판별하는 기준은 마귀 혹은 악마와 사귄다는 등 마녀로 활동하는 것을 본 두 사람의 증인이 있거나, 스스로 마녀라고 자백을 하거나 둘 중 하나였습니다. 그런데 눈에 보이는 악마와 마녀가 만나는 것을 보는 게 현실적으로 가능한가요? 그런 증인이 두 명이 있기는 어렵기 때문에, 주로 본인 스스로 마녀라고 자백을 하는 경우가 많았다고 합니다.

왜 그랬을까요? 마녀라는 의심을 받은 사람에게 '너, 마녀지?'라고 물으면 당연히 아니라고 하겠지요. 마녀로 확정되면 불에 태워서 죽이는 화형을 당하기 때문에 당연히 자기는 마녀가 아니라고 주장합니다. 그러면 심문을 맡은 사람들이 마녀라고 자백할 때까지 상상할 수 없이 심한 고문을 가했다고 합니다. 유럽에 가보면 그 당시 사용된 고문 도구들이 전시된 박물관도 있는데요, 도저히 인간으로서 감당할 수 없는 고문을 받으면, 그 사람은 고문을 피하기 위해서 차라리 죽는 게 낫다는 생각을 하게 됩니다. 결국 고문을 피하기 위해 거짓말로 자기가 마녀라고 자백하게 된다는 겁니다.

고문의 나쁜 점을 이야기할 때 마녀사냥이라는 역사적 사건을 생각해보면 되는데요, 테러범을 찾기 위해서 가하는 고문을 여러분은 어떻게 생각하시나요? 그 사람이 테러범의 위치를 실제로 알 수도 있지만 모를 수도 있습니다. 그 사람이 아는지 모르는지 알 방법이 없잖아요. 경찰은 안다고 생각하고 고문을 가하겠지만, 고문을 받은 사람 입장에서는 고문을 피하기 위해서 거짓말을 할 수도 있습니다.

고문은 엄연히 형벌과 다릅니다. 죄가 확정된 다음에 죄에 대한 처벌로 가하는 것이 형벌입니다. 예를 들어 도둑질을 한 사람에게 곤장 50대를 과하는 것이 형벌이에요. 반면, 고문은 죄가 확정되기 전에 하는 겁니다. 이 사람이 도둑질을 했는지 안 했는지 아직 모를 때, 도둑질을 안 했다고 주장하는 사람에게 "너 도둑질 했지? 도둑질 했다고 자백해!" 이러면서 육체적 고통을 가하는 거죠. 다시 말해 죄를 지었는지 안 지었는지 모르는 상태에서 죄를 지었다는 자백을 받아내기 위해서 하는 게 고문입니다.

이제는 인권의 차원에서 고문은 어떤 이유로도 정당화될 수 없다고 이야기합니다만 세계 곳곳에서 여전히 고문은 이루어지고 있습니다. 미국이 테러범을 잡기 위해 많은 사람들을 감옥에 가두고 고문도 했지만, 그중에 테러범을 제대로 찾은 경우는 거의 없었다고 하지요.

마녀라는 게 희생양입니다. 어떤 불행이나 욕구불만의 원인을 그것과 상관없는 사람에게 떠넘겨서 해소하려는 것인데, 잘못이 없는 사람에게 죄를 뒤집어씌우는 것이죠. 더구나 그 수단으로 고문이 사용됩니다. 여러분은 지금까지의 제 이야기에 다들 공감하시나요? 공감하지 않거나 의문을 제기하는 분이 있을지도 모릅니다. 사실 지금도 고문 문제는 첨예하게 논쟁 중인 이슈입니다. 이 문제로 한창 논란이 되었던 미국에서는 테러범을 잡기 위한 고문이 정당하다고 생각하는 사람들이 있다고 합니다. 여러분은 어떤 입장입니까?

왜 표현의 자유는 보장되어야 하는가? •••

어느 사회든 다양한 생각들이 존재합니다. 청소년과 관련해서는 청소년에게 집회·시위의 자유가 허용되어야 한다고 생각하는 사람들이 있는 반면, 그렇게 생각하지 않는 사람들도 있습니다. 교육감은 청소년이 뽑아야 하는 것이 아니냐고 문제제기하는 청소년을 저는 가끔 봅니다. 요새 학교는 거의 대부분 급식을 시행하는데, 이렇게 생각하는 청소년이 있을지도 모릅니다. '나는 급식을 먹기 싫다! 따로 도시락을 싸가지고 다니겠다!' 이런 것들이 자기의 생각이자 주장일 수 있는데, 이 같은 표현을 우리가 살면서 많이 하죠. 학교라는 게 왜 있는지 모르겠다, 혹은 자본주의 사회가 싫다고 누군가 생각할 수도 있습니다.

사상·양심·표현의 자유란 말을 들어보셨을 겁니다. 딱딱하게 들릴 텐데 사상이란 말은 자기 머릿속에 든 인생관, 세계관을 일컫습니다. 양심은 어떤 행동에 대하여 옳고 그름, 선과 악의 판단을 내리는 것입니다. 표현은 사상이나 양심을 말이나 글 등을 통해 겉으로 드러내는 것을 말합니다. 그러므로 인간이 자신의 생각을 간섭이나 제약을 받지 않고 외부에 표현하는 것이 사상·양심·표현의 자유이지요.

자본주의 사회에 대해 떠오르는 생각이 사람마다 있을 겁니다. 그 중에는 자본주의 사회의 경쟁 시스템과 소유 개념을 탐탁지 않게 생각하는 사람이 있을 수도 있겠죠. 집이든 공장이든 소유해야 하며 돈을 많이 벌어야 먹고사는 게 가능한 사회가 마음에 안 들 수 있어요. 대표적인 자본주의 사회인 미국이나 우리나라에서 자본주의에 반대하는 생각을 가진 사람들이 꽤 있습니다. 공산주의 내지 사회주의 생각을 가진 사람들이 소수지만 존재해요. 혹은 히틀러와 같은 전체주의적인 생각을 가진 사람이 있을 수도 있습니다. 지금처럼 민주주의를 할 게 아니라 우월한 자가 독재를 하는 게 낫다고 생각하는 누군가도 있겠죠. 이렇듯 그 사회체제와는 다른 생각을 가진 사람들의 사상의 자유를 인정할 것인가 말 것인가 하는 문제는 어느 사회든 논란을 겪었고, 지금까지도 논란의 중심이 되고 있는 주제입니다.

제가 1998년에 변호사를 처음 시작했을 때 변호를 맡았던 의뢰인 중에 한 분은 사회주의 생각을 가졌다는 이유로 구속이 된 분이었습니다. 문제가 되었던 그분의 행동은 자본주의에 반대하고 사회주의 사상을 설파하는 책을 집에 쌓아놓고 읽었던 거였어요. 그런 책을 읽은 다음 자기 생각을 글로 정리했고, 그걸 유인물로 만들어 사람들에게 나누어주었고요. 이게 정확하게 사상과 표현의 문제입니다. 그분이 한 일은 책을 읽고 글을 쓰고 배포한 일, 그것밖에 없었는데 첫 번째 재판에서 징역 2년형을 받았습니다. 징역 2년이면 굉장히 무거운 형이거든요. 이런 문제를 어떻게 생각하시나요?

청소년 : 자기 생각을 표현할 수는 있지만, 그게 옳다, 그르다는 분명히 그 사회의 어떤 기준을 통해서 차단될 수 있는 것 아닌가요?

네, 그런 의견도 가능합니다. 이것도 상당히 오래된 논쟁거리인데요, 영국의 시인인 밀턴은 이런 말을 남겼습니다. "진리란 들판에서 서로 맞붙어 싸우고 다른 견해와 자유롭게 공개적인 만남을 가짐으로써 성립되는 것이다." 어느 게 맞다, 틀리다는 열려 있는 들판에서 서로 맞붙어서 논쟁하고 토론하면서 알 수 있는 것이지 처음부터 어떤 얘기를 하지 못하게 막아서는 안 된다는 말입니다.

철학자, 존 스튜어트 밀은 『자유론』에서 이런 말을 했어요. "전체 인류 가운데 단 한 사람이 다른 생각을 가지고 있다고 해서 그 사람에게 침묵을 강요하는 것은 옳지 못하다. 그것은 거꾸로 말해서 한 사람이 다른 모든 전체 인류에게 침묵을 강요하는 것과 똑같은 일이다." 두 사람은 어떤 얘기든 일단 말은 할 수 있어야 된다, 표현은 할 수 있어야 된다고 이야기한 겁니다. 이는 표현의 자유를 옹호하는 아주 유명한 구절이지요.

그렇다면 앞서 예로 든 것처럼 한 사회가 가지고 있는 체제를 완전히 부정하는 생각을 가진 사람이 있다면 어떨까요? 미국에서도 이를 둘러싼 재판이 여러 번 있었습니다. 우리나라만 그런 게 아니라 미국도 자본주의에 반대하는 생각을 가진 사람들이 존재했고, 지금도 존재하고 있거든요. 미국의 판결도 왔다 갔다 했지만, 제일 유명한 원칙은 바로 '명백하고도 현존하는 위험의 원칙'입니다.

어떤 행위가 그 사회를 위험에 빠뜨릴 정도로 명백하고도 현재 존재하는 위험이 되느냐? 이게 기준입니다. 예를 들어 자기주장을 관철시키기 위해서 폭력을 쓰거나 불을 지른다면 그것은 명백하고도 현존하는 위험이라 볼 수 있습니다. 그게 아니라 글을 쓰거나 말을 하는 식의 표현을 하는 정도까지는 명백하고도 현존하는 위험은 아니라고 미국연방대법원에서 판결(1951년)을 내린 적이 있습니다.

우리나라 법원은 아직까지는 사상의 자유, 표현의 자유에 대해서는 소극적인 입장입니다. 아까 말씀드린 제 의뢰인 같은 경우는 제가 '명백하고도 현존하는 위험의 원칙'을 제시한 미국연방대법원의 판결문 몇십 페이지를 번역하는 등 변호를 했습니다만 징역 2년에서 1년으로 감형하는 데 그쳤습니다. 사상·양심·표현의 자유에 관한 문제는 지금도 우리 사회에 있는 문제입니다. 전에 스무 살 청년이 트위터에 쓴 글 때문에 경찰의 수사를 받은 일이 있었습니다. 그분은 북한체제에 비판적인 생각을 가진 사람이었는데 북한을 마치 옹호하는 것처럼 받아들일 수 있는 표현 몇 개가 문제가 되었다고 하죠. 북한을 조롱하고 풍자하려고 쓴 글을 경찰이 "국가의 안전을 위태롭게 하는" 이적표현물로 보고 수사를 했던 겁니다.

사상·양심·표현의 자유는 물론 청소년 여러분도 가지고 있는 권리인데요, 예전에는 학생이 학교 게시판에 "우리 학교 급식은 진짜 문제가 많습니다. 맛이 너무 없습니다" 이런 글도 마음대로 올리지 못했습니다. 이것 역시 표현의 자유 문제입니다. 고문 문제도, 표현의 자유 문제도 계속 논란이 되고 있는 주제인데요, 판단은 여러분의 몫이기에 진지하게 고민해보면 좋겠습니다.

투표권이 주어져도 실제로는 평등하지 않다 •••

서양역사를 보면 인권은 종교개혁, 미국 독립혁명, 프랑스혁명을 계기로 발전을 거듭해왔습니다. 이러한 근대 시민혁명을 거치면서 지금 우리가 당연하다고 생각하는 인권들이 보장되기 시작합니다. 앞서 이야기한 고문이 폐지되었고, 사상·양심·표현의 자유도 이 시기에 사람들 사이에서 많이 논의되고 인정받게 됩니다. 노예제도는 프랑스, 영국, 미국 등에서 18세기 중반까지 있었는데 근대 시민혁명 이후에 폐지되었습니다. 미국에서는 링컨이 남북전쟁이라는 내전까지 치르면서 노예제도를 폐지했죠.

그다음으로는 선거권, 투표권과 같은 참정권이 보장됩니다. 여러분도 잘 아시겠지만, 처음에는 일정 수준 이상의 재산이 있는 남성에게만 투표권이 있었습니다. 그다음에는 약간의 재산이 있는 남성, 그다음에는 재산이 있든 없든 남성은 다 투표권을 갖게 되었고, 그 이후 여성에게까지 확대됩니다. 참정권을 보장하라는 운동이 역사적으로 많이 있었습니다. 대표적인 것이 영국에서 1838~1843년에 전개된 차티스트 운동으로, 재산이 없는 사람, 노동자들에게도 투표권을 달라고 요구한 운동입니다.

유럽에 스위스란 나라가 있잖아요. 스위스는 선진국인데 굉장히 늦게 여성에게 투표권이 주어졌습니다. 1972년, 불과 40년 전에 여성의 투표권이 인정되었죠. 약 100년 전에 영국에서 여성의 투표권이 인정됐다면 스위스는 40년 전에 부여했을 정도로, 프랑스혁명 이후 참정권은 조금씩 조금씩 확대되는 과정을 거치게 됩니다. 그런데 투표권이 주어졌다고 해서 문제가 다 해결된 것은 아닙니다.

앞서 1960년대에 미국의 모든 여성과 흑인에게 투표권이 주어졌다고 했습니다. 미국 성인인구의 51%가 여성인데요, 한국의 국회의원 격인 하원의원의 18.7%만이 여성입니다. 아프리카계 미국인, 즉 흑인은 인구의 12.6%를 차지하는데 하원의원의 9.6%만이 흑인입니다. 히스패닉 또는 라티노라고 불리는 중남미계는 인구의 16.4%를 차지하지만, 하원에 가면 그 비율이 7.5%밖에 되지 않아요(2013년 기준).

예전에는 투표권이 있느냐, 없느냐가 중요했는데 이제는 투표권을 행사해도 자기를 대표할 수 있는 사람이 국회에 들어가지 못하는 상황이 문제가 됩니다. 투표권이 주어졌다 해도 실제로는 불평등한 겁니다. 미국의 하원이 우리나라로 치면 국회인데 하원의원의 대부분이 부유한 백인 남성입니다.

우리나라도 국회의원 중 85% 정도가 남성입니다. 그리고 국회의원 중에 변호사자격증을 가진 사람이 거의 10%가 넘습니다. 우리나라 전체인구 가운데 변호사자격증이 있는 사람은 아마 0.1%도 안 될 텐데요, 국회의원의 10% 이상이 변호사자격증을 가지고 있다는 건 굉장히 이상한 현상이죠.

미국도 하원에 가보면 변호사가 엄청 많습니다. 법을 만드는 곳이니까 변호사가 많은 게 좋지 않겠냐고 누군가는 생각할 수 있겠지만, 그렇지만은 않아요. 국회의원을 보좌하는 각 분야 전문가들이 많이 있는데다, 특정직업군이 아니라 각계각층 유권자들의 어려운 점을 잘 대변해줄 수 있는 사람이 국회에 다양하게 있어야 바람직하기 때문이에요.

이러한 주장은 국내에도 번역, 소개된 『추첨 민주주의』에서 말하는 바입니다. 공동저자인 어니스트 칼렌바크와 마이클 필립스는 투표

"예전에는 투표권이 있느냐, 없느냐가 중요했는데 이제는 투표권을 행사해도 자기를 대표할 수 있는 사람이 국회에 들어가지 못하는 상황이 문제가 됩니다. 우리나라 국회의원 중에 변호사자격증을 가진 사람이 거의 10%가 넘습니다. 특정직업군이 아니라 각계각층 유권자들의 어려운 점을 잘 대변해줄 수 있는 사람이 국회에 다양하게 있어야 바람직합니다."

권이 주어져도 정치적으로 평등하지 않기 때문에 선거 대신 제비뽑기로 국회를 구성하자는 주장을 하는 미국 사람들입니다. 말하자면 남성 49%, 여성 51%, 흑인 12.6%, 히스패닉 16.4% 등의 인구 비율에 맞춰 제비뽑기로 국민을 대표하는 사람을 선출하자는 겁니다. 두 저자는 이 책에서 "옆집 아줌마, 채식주의자, 유기농 농부, 반려동물 주인, 성소수자, 비정규직 노동자, 결혼 이주자, 실업자 등을 무작위 추출해서 국회를 구성하자"고 이야기하죠.

여러분 생각은 어떠세요? 반장을 선거 아닌 제비뽑기로 선출하는 건 어떨까요? 제비뽑기로 선출된 사람이 1년 내내 반장을 하면 불합리할 수 있으니까 2주나 한 달마다 제비를 뽑아서 돌아가며 하는 방법은 어떻습니까? 그럼 누구나 반장을 다 할 수 있겠죠.

과거 우리나라에 대통령을 국민들 손으로 뽑지 못하던 시절이 있었습니다. 1972년 유신헌법에 따라 박정희 대통령이 의장을 맡은 통일주체국민회의라는 기구에서 새 대통령을 선출했는데요, 후보는 박정희 한 명이었고 찬성 2,357표, 무효 2표로 박 후보가 대통령으로 선출되었습니다. 이후 15년 만인 1987년 6월 항쟁을 계기로 국민들이 직접 대통령을 뽑는 직선제가 부활하죠. 문제는 국민들에게 투표권이 보장되어도 투표장에 나와서 투표권을 행사하는 사람이 전체 국민의 50~60%밖에 안 되는 경우가 비일비재하다는 겁니다. 그리고 투표한 사람들로부터 50%의 지지도 받지 못한 사람이 당선될 수도 있습니다. 후보가 여러 명 나오다보면 그럴 수 있지요. 그렇게 되면 투표권 있는 전체 국민의 20~30%의 지지를 받은 사람이 대통령이나 국민의 대표자로 직무를 수행하는 경우가 생깁니다. 예전에는 선거만 하면 민주주의가 잘될 것 같았는데 선거를 여러 차례 치르다 보니 선거를 그냥 한다고 해서 민주주의가 제대로 실현되는 것은 아님을 사람들이 깨닫게 되죠. 이제는 선거제도를 어떤 방식으로 운영해갈지, 선거 대신 다른 방법은 없는지, 보다 깊이 있고 폭 넓은 고민이 필요한 때입니다.

청소년 : 선생님은 추첨 민주주의에 동의하시는 거예요?

저는 국회의원을 추첨으로 뽑자는 주장까지는 동의를 아직 못하고 있습니다. 다만 종로구 어떤 동의 주민자치위원회같이, 지역이나 작은 동네 단위에서 이루어지는 모임이나 기구들에 한해서는 추첨으로 대표자를 뽑아도 되지 않을까 싶습니다. 2008년부터 우리나라에서 배심원재판이 실시되고 있습니다. 국민참여재판이라고도 하는데, 컴퓨터로 무작위 추출된 시민들이 재판에 참여하여 피고인의 유죄·무죄에 관한 평결을 내리고 적정한 형량을 토의하는 제도입니다. 이들의 평결이 법적 구속력은 없지만, 재판부에서 이를 참고하여 판결을 선고한답니다. 제비뽑기로 배심원을 선출하기 때문에 여러분도 나중에 뽑힐 가능성이 있습니다. 이렇게 배심원을 선출하거나 지역의 어떤 문제를 결정할 때 저는 제비뽑기가 유용하다고 생각합니다. 국회의원까지 추첨으로 선출하자는 의견에는 아직까지 동의를 못하지만 이런 아이디어가 나올 정도로 선거제도에 문제점이 많다는 데는 크게 공감합니다.

지금까지 살펴보았듯이 인권 문제에서 100% 해결되는 지점은 없습니다. 앞서 말씀드린 종교의 자유도, 정치적인 참정권도, 고문의 문제도 아직까지 다 해결된 건 아닙니다. 사상·양심·표현의 자유도 마찬가지이고, 노예도 지금 없어졌느냐 하면 아니지요. 전 세계를 보면, 빚을 갚지 못해 노예처럼 일을 한다든지, 어린이들을 강제노동시키는 경우가 아직까지 많이 있습니다.

노동, 복지 문제가 중요하다 •••

지금까지 말씀드린 인권은, 성격을 구분하자면, 내가 어떤 생각을 하든, 무슨 행동을 하든 혹은 가만히 있든 나를 괴롭히지 말라는 범주에 속합니다. 나의 신체의 자유, 나의 생각의 자유를 침해하지 말라, 내게 투표할 정도의 권리를 주되 나를 건드리지 말라는 것이지요. 이걸 시민적·정치적 권리라고 부릅니다.

인권의 역사가 처음에는 시민적·정치적 권리를 중심으로 이야기가 전개되고 발전하는데요, 서양에서 19세기가 되면 새로운 문제가 부각됩니다. 즉, 사람들에게 신체의 자유가 보장되고 투표권도 주어지는데 문제는 먹고살기가 너무 힘들다는 거였어요. 지금으로부터 약 150년 전인 1850년경 프랑스 노동자의 하루 평균 노동시간은 15시간가량 되었습니다. 24시간 중에 15시간을 일했다는 말은, 밥 먹고 자는 시간 빼고는 계속 공장에서 일을 했다는 건데요. 당시에는 어린이, 청소년도 노동을 했습니다. 워낙 먹고살기 힘들어서 어린이, 청소년들이 학교 대신 공장에 나가 일을 하는 경우가 흔했어요.

상황이 이렇다 보니 사람들이 일찍 병이 들어 평균수명도 낮았습니다. 당시 프랑스의 평균수명이 스무 살이었습니다. 영아사망률도 높은 데다, 워낙 어릴 때부터 노동을 하다 보니 제대로 크지 못하고 일찍 병이 들어 죽는 경우가 부지기수였습니다. 이게 불과 150~160년 전 일입니다. 그러니까 나에게 신체의 자유와 투표권이 조금씩 보장이 되어가는데 그것만으로는 도저히 해결이 안 되는 문제가 생긴 거죠. 쥐꼬리만 한 급료를 받고 하루에 15시간씩 일하는 사람들이 그 상태에서 벗어날 수 있는 방법은 뭘까요? 그 개인이 고용주나 기업주에게 가서 노동 조건을 개선해달라고 말하면 돌아오는 이야기가 "너 말고도 일할 사람 많다"입니다. 실제로 실업자가 당시에 많이 존재했기 때문에 노동자 혼자 가서 이야기하면, 공장주에게서 "그럼, 그만둬라! 우리 공장에 너 같은 사람 필요 없다. 다른 사람 데려와서 일 시키면 된다" 이런 소리밖에 듣지 못해요. 협상 자체가 되지 않습니다.

이런 문제를 해결하기 위해 나온 것이 노동조합입니다. 개인이 혼자 기업주에게 노동조건에 대해 대화를 시도하면 해고를 당하기 십상이기 때문에 노동자들이 단체를 만들어 집단으로 노동시간을 줄여달라, 임금을 올려달라 얘기하기 시작했습니다. 우리나라 헌법에서도 노동조합을 설립하는 것을 국민의 기본권으로 보장하고 있지요. 지금은 전 세계 거의 모든 나라에서 노동조합을 인정하고 있습니다.

그다음, 노동시간을 줄이는 것도 19세기에 아주 중요한 문제였습니다. 하루 15시간 장시간 일하고 사람이 살 수 없잖아요? 노동시간을 줄이기 위해 많은 사람들이 피나는 노력을 합니다. 노동조합을 만들어 파업을 하는 경우도 있었고 양심 있는 사람들이 목소리를 내기도 하죠. 특히 열두 살 어린 나이부터 15시간씩 공장에 나가서 일한다는 게 있을 수 없는 일이잖아요. 그래서 어린이들부터 노동시간을 줄여나가는 운동을 합니다. 15세 이하 8시간 노동이 보장되면서 나중에는 어른에게까지 8시간 노동제가 정착됩니다. 우리나라는 8시간 노동제가 잘 안 지켜지는 나라입니다. 노동시간이 길기로 유명하죠.

우리나라 청소년의 학습시간도 만만치 않게 깁니다. 하루 15시간 가까이 공부하는 청소년이 우리 주변에 많죠. 우리나라 청소년의 학습노동 문제는 전 세계적으로 유일무이하게 심각한 수준입니다. 이는 19세기 유럽 아동들이 15시간 노동하는 문제와도 맞먹는다고 저는 생각합니다. 스스로 하고 싶어서 15시간 공부하는 건 문제가 아니죠. 개인의 자유니까요. 그게 아니라 15시간 공부하는 걸 강요당한다면 그건 심각한 문제입니다.

최저임금제도와 생활임금제도 • • •

세계인권의 역사에서 노동조합이 생기고 노동시간이 단축되었는데도 여전히 가난한 사람들은 많이 존재했습니다. 예를 들어 공장에서 일하다 다쳐서 노동능력을 상실한 사람, 부모님이 일찍 돌아가신 어린이나 청소년, 열심히 일하는데 월급이 너무 적어 먹고살기가 힘든 사람……이들을 어떻게 할 것인가가 중요한 문제로 떠올랐습니다.

가만히 놔두면 가난에서 벗어나지 못하는 사람들, 심지어는 일을 해도 가난한 사람들이 많습니다. 여기에 대한 논쟁도 많아요. 왜 먹고살기 힘든지, 가난의 원인이 어디에 있는지를 따져보면 크게 두 가지 입장으로 나뉩니다. 하나는 개인주의적 빈곤관으로 불리는 것으로, 가난의 원인을 개인이 게으르고 절제를 안 하며 성실하지 않게 일하기 때문이라고 보는 관점입니다. 이런 시각을 가진 사람은 복지정책이나 최

"개인이 고용주나 기업주에게 가서 노동 조건을 개선해달라고 말하면 돌아오는 이야기가 '너 말고도 일할 사람 많다'입니다. 협상 자체가 되지 않습니다. 이런 문제를 해결하기 위해 나온 것이 노동조합입니다. 개인이 혼자 기업주에게 노동조건에 대해 대화를 시도하면 해고를 당하기 십상이기 때문에 노동자들이 단체를 만들어 집단으로 노동시간을 줄여달라, 임금을 올려달라고 얘기하기 시작했습니다."

저임금제도에 대해 대부분 부정적입니다. 국가나 사회가 개입해서 지원을 해주면 가난한 사람을 더 게으르게 만든다고 생각하기 때문이죠.

이와는 반대로 가난이 개인의 책임도 있겠지만, 사회에서도 같이 책임져야 하는 문제라고 보는 시각이 있습니다. 여러분은 어느 생각에 더 동의하시나요?

1899년, 영국에서 세계 최초로 빈곤의 원인에 대해 조사를 했는데 개인이 게으르고 술을 많이 마시고 무절제해서 가난한 경우도 물론 있었습니다만 그 비율이 상당히 적었다고 합니다. 그보다는 일을 해도 월급이 너무 적어 가난에서 벗어날 수 없다는 것이 가장 큰 이유였다고 해요. 시대적으로 워낙 아이를 많이 낳아서 돌보아야 할 가족 수가 많다는 점도 한몫했고요. 당시에는 일하는 도중에 다친 사람에 대한 배려가 없어서, 노동 과정에서 다쳐 일을 더 이상 하지 못해 가난해진 경우가 적지 않았다고 합니다. 이런 문제들은 성격상 개인의 탓으로 돌리기 힘듭니다. 그래서 사회적으로 복지정책이 발전하기 시작하죠.

최저임금제가 도입된 것도 18세기 말에서 19세기 초입니다. 1902년에 영국에서, 1912년에 미국에서, 1915년에 프랑스에서 도입돼요. 우리나라의 최저임금은 2014년에 시급 5,210원이었던 것이 2015년에 5,580원으로 책정되었습니다.

청소년 : 실제로는 최저임금만큼 주지도 않아요. 3개월 이상 일하지 않으면 30% 적게 줘도 된다고 하면서.

네, 수습기간이라는 명목으로 최저임금보다 덜 지급하는 곳도 있어요. 그런데 2012년 7월부터는 1년 미만의 근로계약을 체결한 사람은 감액 없이 최저임금을 전액 지급하도록 법을 개정했다고 합니다. 우리나라의 최저임금 5,580원(시간당/2015년 기준)을 가지고 하루 8시간 한 달을 일한다고 계산하면 월급이 100만 원이 조금 넘습니다. 여러분, 한 번 생각해보세요. 한 달에 100만 원으로 서울 같은 도시에서 생활할 수 있을까요? 여러분이 사회인이 됐다고 생각했을 때, 가능한 일인가요? 최저임금의 원래 취지는 임금이 너무 적어서 일을 해도 가난한 사람들을 위해 만들어졌는데, 우리나라의 최저임금 수준으로는 그 임금을 받아가지고는 기본적인 생활이 어렵습니다. 영국의 최저임금은 현재 1만 원이 조금 넘습니다. 나라마다 물가가 다르기에 차이가 있겠지만, 우리나라 최저임금은 너무 적다는 의견이 많아요. 최저임금을 올리자고 하면, 경제성장을 저해한다, 임금을 올리면 고용하는 노동자 수를 줄일 거라는 얘기가 빠지지 않고 나오죠. 매년 8월에 최저임금을 정하는데, 기업은 안 올리려고 노동자는 올리려고 논쟁이 많이 오고갑니다. 여러분도 이 시기가 되면 관심 있게 한번 살펴보세요. 최저임금으로 정말 충분한가 하는 문제도 논의해봐야 할 주제입니다.

요즘에는 생활임금이라는 개념도 생겨났습니다. 생활할 만큼 임금을 주자는 얘기죠. 즉, 최저임금이 아니라 생활임금을 보장해야 한다는 주장입니다. 생활임금은 도시근로자 평균임금의 3분의 2 수준으로 우리나라의 경우 200만 원가량이 나옵니다. 생활임금은 대체로 최저임금보다 금액이 높습니다. 여러분도 앞으로 노동을 하실 테니까 최저임금이나 생활임금에 대해 관심을 가지고 생각해보셨으면 좋겠습니다.

잘못된 법에 저항하기 : 시민 불복종운동 •••

인권의 역사는 시민적·정치적 권리에서 노동·복지 문제로 넘어오면서 지금까지 계속 발전과 후퇴를 거듭해왔습니다. 인권이 앞으로 나아가거나 퇴보하는 그 중심에는 평범한 한 사람 한 사람이 아주 중요한 역할을 했습니다. 그렇다면 무엇이 세상을 한 걸음 나아가게 한 힘이 되었을까요? 많은 운동이 있었지만 그중 비폭력을 원칙으로 한 시민 불복종운동이 있습니다. 간디(1869~1948)가 인도의 독립운동을 이끌어낸 저항방식이기도 하죠.

시민 불복종운동은 잘못된 법에 저항하고 협력하지 않는 것을 골자로 하고 있습니다. 1930년, 당시 인도를 식민지배하고 있던 영국은 소금법을 제정합니다. 인도인들이 스스로 소금을 만들지 못하게 하고, 식민지정부로부터 사서 먹으라는 법률이었죠. 이에 저항하여 각계각층의 인도인은 간디와 함께 25일간을 쉬지 않고 해안가로 걸어가는 행진을 했고, 도착한 바다에서 직접 소금을 만듭니다. 경찰이나 정부 측은 폭력을 행사했지만, 간디를 비롯한 여기에 참여한 사람들은 비폭력으로 맞서며 불복종 저항을 합니다. 이게 그 유명한 '소금행진'입니다. 잘못된 법에 맞서 간디가 했던 여러 가지 일, 즉 시민 불복종운동은 이제 인권을 지키기 위한 하나의 방식으로 정착됐습니다.

간디보다 앞선 시기를 살았던 미국의 사상가, 헨리 데이비드 소로 (1817~1862)라는 사람이 있습니다. 1846년 미국은 멕시코에 대해서 부당한 침략전쟁을 벌이고 있었는데요, 소로는 부당한 전쟁에 쓸 세금을 자신은 낼 수 없다며 세금 납세를 거부하여 감옥에 들어간 적이 있습니다. 소로의 이 같은 행동에서 시민 불복종의 기원을 찾기도 하는

데, 실제로 간디는 소로의 영향을 받아 소금행진 같은 시민 불복종운동을 폈습니다.

소로와 간디의 시민 불복종은 훗날 1970년대 미국의 흑인 민권운동에 큰 영감을 줍니다. 1865년에 미국에서 흑인 노예가 해방되었는데도 1960년대까지 투표권을 행사할 수 있었던 흑인이 전체 흑인인구의 2%밖에 되지 않았다고 했지요. 흑인의 투표권은 법적으로 보장됐지만, 선거인 등록을 하려면 시험을 통과해야만 했습니다. 투표할 수 있는 능력이 된다는 것을 증명하기 위해서 치러지는 시험이었죠. 사실상 흑인에게는 투표권이 박탈되어 있었습니다.

게다가 당시 미국 남부에서는 흑인에 대한 차별이 굉장히 심했습니다. 노예는 아니지만, 흑인을 마치 이등인간처럼 취급했어요. 식당도 백인만 가는 식당이 따로 있어서 거기는 흑인이 들어가지 못했고, 버스나 기차도 유색인종자리, 백인자리가 따로 있어서 흑인은 유색인종자리에만 앉아야 했습니다. 모든 일생생활에서 백인과 흑인이 분리되어 생활했는데, 이걸 흑백분리정책이라고 부릅니다. 백인등록식당에 흑인이 출입하거나 백인좌석에 흑인이 착석하면 경찰이 와서 체포해 갑니다. 범법 행위를 한 것이기에 처벌이 가능했어요. 여기에 저항한 운동이 바로 흑인 민권운동입니다. 사람들은 흑인 민권운동 하면 이 운동을 이끈 유명한 지도자 마틴 루터 킹 목사만을 기억하지만, 실제로는 백인전용식당에 젊은 흑인 학생이 들어가 앉아 있는다거나 버스의 백인좌석에 흑인이 앉아 있는 식으로 많은 흑인들이 집단적으로 운동을 벌였습니다. 거리로 나와 일종의 비폭력 불복종운동을 벌였던 거죠.

"사람들은 흑인 민권운동 하면 이 운동을 이끈 유명한 지도자 마틴 루터 킹 목사만을 기억하지만,
실제로는 백인등록식당에 젊은 흑인 학생이 들어가 앉아 있는다거나 버스의 백인좌석에 흑인이
앉아 있는 식으로 많은 흑인들이 집단적으로 운동을 벌였습니다. 거리로 나와 일종의 비폭력 불복
종운동을 벌였던 거죠."

흑인 민권운동을 촉발했던 사건이 있었습니다. 1955년, 앨라배마 주 몽고메리에서 한 흑인여성이 고된 하루 일을 마치고 버스를 탔습니다. 지정된 유색인종자리에 앉았죠. 다음 정거장에서 백인이 여러 명 타면서 백인좌석이 모자라게 됩니다. 그러자 운전기사가 흑인들에게 다가가 자리를 양보하라고 말합니다. 그런데 로사 파크스는 자리 양보를 거부하여 경찰에 체포당합니다. 그 당시 미국 남부의 법에 의하면, 흑인은 지정된 유색인종자리에 앉되, 백인이 자리 양보를 요구하면 이에 응해야 했습니다. 이후, 로사 파크스의 이 같은 불복종 행동은 다른 흑인들 사이로 퍼져나갔고 여기에 동조하는 백인들이 함께 힘을 보태면서 흑인 민권운동으로 발전합니다.

흑인 민권운동에서는 '차별'이라는 개념이 굉장히 중요한 쟁점이 되었고, '불복종'이라는 행동방식이 크게 논란이 됐습니다. 미국 남부에서는 어쨌든 법이 그렇기 때문에 백인전용식당에 흑인이 들어가지 못한다는 건 흑인들도 당연히 알고 있는 바입니다. 법을 잘 알고 있음에도 일부러 백인전용식당에 들어가거나 백인전용좌석에 앉음으로써 법을 어기는 것이죠. 왜? 그 법이 잘못된 법이기 때문에. 앞서 간디와 인도 대중이 했던 것도 인도 사람에게 소금을 만들지 못하게 하는 법을 잘 알고 있으면서도 그걸 어김으로써 저항을 한 것이었습니다.

'시민 불복종'은 최근 들어서도 중요한 쟁점으로 부각되고 있습니다. 우리가 생활하다 보면 잘못됐다고 생각하는 법이 있을 수 있습니다. 과연 그 법을 지킬 것인가, 아니면 그 법을 어겨서라도 내가 옳다고 생각하는 어떤 말이나 행동을 할 것인가. 이런 상황에 부딪쳤을 때, 여러분은 어떤 선택을 하시겠습니까?

끝나지 않는 인권 이야기 •••

현재 논쟁 중인 인권 문제는 오늘 다룬 것 말고도 많습니다. 자세히 다루지는 못하겠지만 몇 가지 생각해볼 거리를 소개해드리려 합니다.

먼저 사형제 문제가 있습니다. 사형제는 우리나라에서도 외국에서도 오래전부터 끊임없이 논쟁의 대상이 되어온 이슈입니다. 사형제를 폐지해야 하는가, 어떤 경우에는 허용될 수 있느냐 하는 문제는 영화에서도 자주 등장하는 단골소재죠. 가끔 이런 외신을 접하곤 합니다. 미국에서 몇십 년 전에 사형을 받은 사람을 어떤 법학자가 추적해보니 실제 진범이 아니라 오심으로 사형을 당한, 억울한 사람이었다는 게 밝혀졌다는 식의 기사 말입니다. 미국은 사형을 집행하는 주들이 많습니다. 우리나라는 사형 판결은 내리지만 실제로 집행은 하고 있지 않아요.

낙태 문제도 우리 사회 뜨거운 감자입니다. 현재 우리나라 형법상 낙태는 금지되어 있고, 아주 예외적으로만 허용하고 있습니다. 출산이 임산부의 건강과 생명에 위험하다든지, 성범죄로 임신을 했다든지, 태어나면 선천성 기형이 될 것이 확실하다든지 하는 예외적인 경우가 아니면 낙태는 불법입니다. 실제로 우리나라에서 1년에 30만 건 정도 낙태가 이루어지는데, 그중 대부분이 불법에 해당한다고 합니다. 우리나라는 낙태 논쟁이 아주 치열한 나라 중 하나예요. 낙태는 안 된다, 더 엄격하게 금지해야 한다는 주장도 있고, 다른 한편으로는 현실적으로 허용해야 된다는 주장도 있습니다.

2012년에 미국 대통령선거가 있었는데 오바마 대통령이 동성애자를 포함한 성소수자의 결혼을 지지하면서 성소수자 결혼 합법화 문제가 미국 대선의 중요한 쟁점으로 떠올랐습니다. 인권 문제가 어떤 경우에 정치적인 쟁점이 되기도 하는데, 미국은 특히 낙태나 성소수자 인권 문제가 정치 이슈화가 많이 됩니다. 왜냐하면 미국은 종교가 활성화된 나라라 이 이슈가 종교와 연결되어 논쟁이 뜨겁기 때문이죠.

반기문 UN 사무총장이 아프리카, 아시아 국가들에 계속 하고 있는 이야기가 성소수자에 대한 차별을 하지 말라는 겁니다. 우리나라에서 동성 간 결혼이나 성소수자 문제는 공식적으로 토론하기에 상당히 껄끄러운 주제에 속합니다. 그러나 우리나라에도 성소수자는 사회 구성원으로 함께 살아가고 있으며, 이들의 인권 문제를 사회적으로 고민해야 할 필요가 있어요.

인권과 관련하여 중요한 단어가 있는데, '차이'와 '차별'이란 말입니다. 나는 동성애자가 아닌데 내 주변에 동성애자가 있다고 해보죠. 성소수자 외에도 우리 주변에 있는 다문화가정 친구, 외국에서 온 이주노동자, 이주여성, 탈북청소년 등 문화적으로나 여러 가지로 차이가 있는 사람을 떠올려봅시다. 그 사람과 나 간에는 분명 차이가 있습니다. 다릅니다. 그렇다고 차이가 차별이 되면 곤란합니다. 나는 옳은데 저 사람은 잘못됐다, 나는 우월하고 저 사람은 열등하다, 이런 생각을 하는 즉시 그건 차별을 하는 겁니다. 나와 그 사람은 다르다는 사실이 그 사람은 틀렸다는 말은 아니겠지요.

마지막으로 드리고 싶은 이야기는 빈곤과 환경위기입니다. 제가 보기에 앞으로 가장 중요한 인권 문제가 빈곤과 환경 문제입니다. 이제는 19세기처럼 15시간씩 일하고도 가난에 허덕이는 절대빈곤 상태에서는 많이 빠져 나왔습니다. 우리나라만 하더라도 경제적으로 풍요로

워지면서 가난에서 많이 벗어났다고 생각하는데 요즘에는 부자와 가난한 사람의 빈부격차가 점점 더 심해지고 있습니다. 적어도 옛날에는 가난했지만 빈부격차는 덜했는데 오늘날에는 상대적 가난과 빈부격차가 심화되고 있죠.

예전에는 환경 문제를 인권 문제로 생각하지 않았습니다. 지금은 달라요. 기후변화도 인권 문제로 보고 있습니다. 방글라데시라는 나라를 들어보셨을 겁니다. 인도 옆에 있는 굉장히 가난한 나라인데, 지구온난화로 지구가 더워지면서 이 나라의 해수면, 바닷물 높이가 점점 올라가고 있습니다. 전 세계적으로 해수면이 상승하면 방글라데시같이 저지대에 사는 사람들이 큰 피해를 보게 됩니다. 국토가 물에 잠겨서 생존 자체를 위협받기 때문이죠. 우리나라는 그 정도까지는 아니지만 가난한 사람들의 경우 기후변화에도 큰 영향을 받습니다. 기후변화 말고 핵발전 문제도 중요한 인권 이슈입니다. 빈곤과 환경 문제가 인권 문제라는 사실을 꼭 기억해주십시오.

지금까지 여러분과 인권의 역사에 대해 간략하게 살펴보았습니다. 지금까지 얘기를 들으면서 느끼셨겠지만, 인권은 결국 인권을 지키고자 하는 사람들의 노력에 의해 조금씩 진전되어왔습니다. 그 노력이란, 결국 먼저 깨달은 사람들이 다른 사람들을 설득하고, 뜻을 같이하는 사람들의 힘을 모으는 과정이었습니다. 자, 질문 있으면 자유롭게 해주세요.

청소년 : 아동과 청소년 인권을 이야기하면서 아동이나 청소년이

인간에 포함되지 않던 시절이 있었다고 말씀하셨는데요, 뱃속에 있는 태아에게도 인권이 있나요?

하승수 : 지금은 태아에게도 일정한 정도의 인권은 인정해야 한다고 많이들 보고 있습니다. 특히 생명권 같은 것이 있다고 말이죠. 낙태 논쟁이라는 것도 태아의 생명권과 여성의 자기결정권 중 어느 것이 우선하는가라는 식으로 진행되기도 합니다. 태아에게 생명권이 있다는 점을 강조하는 분들과, 원치 않은 출산을 여성이 거부할 수 있는 자기결정권, 행복추구권 내지 신체의 자유권을 중요하게 생각하는 사람들 사이의 논쟁이라고 볼 수 있죠.

청소년 : 우리나라에 성소수자 관련법이 있어요?

하승수 : 성소수자를 직접 언급하진 않지만 차별을 일반적으로 금지하고 있습니다. 인권단체에서는 보다 명시적으로, 명확하게 성소수자 차별을 금지하고 인권을 보호하는 법률을 제정해 달라고 요구하고 있죠. 서울 학생인권조례 만들 때 성소수자에 관한 언급이 있어 논란이 많이 됐었죠. 학생인권조례같이 지방자치단체조례에는 성소수자 차별금지 조항이 들어가고 있는데, 국가적으로는 아직 미흡해서 논란이 되고 있습니다.

청소년 : 선생님 말씀대로 인권의 역사에서 인간의 범위가 확대되고 권리도 다양해지고 있습니다. 인권의 역사에서 사람들이 처음에는 기본적인 권리를 보장받기 위해 노력했다가 나중에는 아주 세부적인 권리까지 지키고자 애쓰고 있습니다. 그런데 현재 세부적인 권리를 위

해 싸우는 사람들은 기본적인 권리는 충족된 사람들이에요. 둘러보면 기본적인 권리조차 충족받고 있지 못하는 사회적 약자들이 아주 많습니다. 어떤 이들의 인권이 보장되고 권력이 확장됨으로써 누군가의 권리는 외면받고 있는 건 아닐까요? 과연 인권의 확대가 모든 이들을 행복하게 한다고 볼 수 있을까요?

하승수 : 저는 인권을 행복할 권리로 봅니다. 그래서 인권이 발전한다는 건 어쨌든 사람들의 행복을 증진시키는 일이라고 생각해요. 문제는 말씀하신 것처럼 어떤 사람들은 충분히 다양한 인권을 주장할 수 있는 위치에 있는 데 반해 어떤 사람들은 그렇지 못하다는 거죠. 인권과 인권이 충돌하는 경우도 있고요. 이런 경우가 점점 많아지고 있습니다.

어떤 사람이 자신의 권리를 충분히 주장하지 못하는 가장 큰 이유를 저는 개인적으로 가난이라고 보고 있습니다. 이를테면 투표권이 주어져도 투표를 못 하는 사람들이 있거든요. 왜냐? 일을 해야 되기 때문에 투표할 시간이 없는 겁니다. 먹고살기가 힘들어서 주어진 권리를 행사할 수 없는 사람들이죠. 저는 가난의 문제가 가장 큰 것 같은데요, 인권을 충분히 행사하지 못하는 사람들의 문제, 그리고 인권과 인권이 충돌하는 문제는 앞으로 중요하게 고민해야 할 문제라고 생각합니다.

청소년 : 버스가 파업하면 시민들 발이 묶이잖아요. 프랑스 같은 나라에서는 파업이 있으면 엄마가 아이에게 이렇게 말한대요. "우리 걷자, 이렇게 해서 우리 사회가 좋아진다. 앞으로 사회가 좋아져야 너도 행복해지지 않겠니?" 우리나라에서는 파업하는 사람들 막 욕하잖아요? 선생님은 어떻게 생각하세요?

하승수 : 어떤 파업이냐에 따라 다를 수 있겠지만, 기본적으로 우리는 누구나 노동자가 될 수 있고 언젠가 그 파업 노동자와 비슷한 입장이 될 수도 있습니다. 학교나 직장에 가야 하는데 파업을 해서 교통이 불편하면, 그 순간에는 굉장히 불편하고 짜증나죠. 그러나 한편으로는 나도 노동자이고 비슷한 문제에 부딪칠 수 있다고 생각해보면 훨씬 더 너그럽게 그런 상황을 받아들일 수 있습니다.

우리는 타인과의
마주침 속에서 성장한다

대학과 대학원에서 법학을 공부했고, 군법무관, 검사, 변호사, 한동대 법학부 교수를 거쳐 현재 경북대학교 법학전문대학원에서 형법, 형사소송법, 형사정책 등을 가르치고 있다. 『헌법의 풍경』, 『평화의 얼굴』, 『불멸의 신성가족』, 『욕망해도 괜찮아』 등 책을 몇 권 썼다.

이 강의에는 『불편해도 괜찮아』, 『헌법의 풍경』 등 김두식 교수의 기존 저술 내용이 일부 포함되어 있습니다.

안녕하세요? 경북대학교 법학전문대학원에서 학생들을 가르치고 있는 김두식입니다. 저는 여러분 또래의 딸이 있는데요, 제가 쓴 『불편해도 괜찮아』란 책에 말 안 듣는 딸과의 갈등, 화해에 관한 이야기를 한 적이 있습니다. 거기에 '지랄 총량의 법칙'이라는 이상한 얘기가 나와요. '지랄 총량의 법칙'은 사람에게는 평생 써야 할 지랄의 양이 정해져 있는데, 어떤 사람은 일찍 쓰고 어떤 사람은 나중에 쓰지만, 어쨌든 언젠가 다 쓰기 마련이라는 법칙입니다. 이 얘기를 희망제작소 소장으로 일했던 유시주 선생님께 들었어요. 말 안 듣던 애가 어느 날 아침 자기 방문을 열고 '아버지! 잘 다녀오십시오' 하고 인사하는 날이 찾아온다는 거예요. 언제 그랬냐는 듯이 질풍노도의 시기가 마무리되는 때가 온다는 이 얘길 '설마?' 하면서 들었지만, 한편으로는 위로가 많이 됐습니다. 딸과 의사소통이 잘 안 되거나 갈등이 있을 때, 애가 지금 그

'지랄'을 쓰는구나 생각하면 마음이 편해지곤 하거든요. (청중 웃음)

에너지의 문제는 곧 힘의 문제인데요. 청소년 시기에는 어떻게 제어할 수 없는 에너지가 우리 내면에 끓고 있어요. 그게 자연스러운 거예요. 원래 10대 후반에서 20대 후반까지 미친 듯이 넘치는 에너지는 연애하고 섹스하고 놀러 다니면서 풀어야 하는 에너지인데, 그 기간을 영어공부, 유학준비, 취업준비, 언론고시·임용고시 준비로 보내는 '범생이' 부류들이 있습니다. 이런 사람들은 중년이 되어 갑자기 인생의 회의를 느끼며 때늦은 일탈을 벌이기도 해요. 이 같은 문제를 제가 『욕망해도 괜찮아』라는 책에 썼는데, 이 역시 우리가 다루고자 하는 힘의 문제입니다.

미켈란젤로와 유대인 다윗 •••

오늘은 제 딸이 지난주 학교에 제출한 숙제 이야기로 강의를 시작해볼까 합니다. 제가 딸한테서 빌려온 이야기이지, 제 아이디어가 아닙니다. (웃음) 여기 미켈란젤로의 〈다비드상〉이 있습니다. 남성의 힘을 보여주는 작품으로 1501~1504년에 걸쳐 작업한 걸작이지요. 다비드는 우리나라 성경에서 다윗으로 불리는 인물입니다. 소년시절 물맷돌을 던져서 거인 골리앗을 쓰러뜨린 사건으로 유명한 사람이죠. 그래서 어려운 적을 앞에 둔 사람에게 늘 위로를 주는 존재입니다. 일반적인 다비드상, 다윗 그림은 골리앗의 머리를 잘라서 밟고 있다든지 하는 식으로 승리의 정점에 선 다윗을 묘사합니다. 다윗이 나중에 왕이 되고 통일왕국을 이루었어도 사실 그의 인생의 정점은 골리앗을 쓰러뜨린

미켈란젤로, 〈다비드상〉, 1501~1504

"일반적인 다비드상은 골리앗의 머리를 잘라서 밟고 있다든지 하는 식으로 승리의 정점에 선 다윗을 묘사합니다. 미켈란젤로의 〈다비드상〉은 여느 다비드상과 다르게, 돌 던지기 적전에 적을 응시하는 모습, 인생의 절정을 향해서 달려 나가는 소년의 긴장으로 뭉쳐진 한순간을 잡아낸 작품이지요."

순간이었거든요. 미켈란젤로의 〈다비드상〉은 그 순간 '직전'을 다루고 있다는 점에서 여느 다비드상과 다릅니다. 돌 던지기 직전에 적을 응시하고 있는 모습, 인생의 절정을 향해서 달려 나가는 소년의 긴장으로 뭉쳐진 한순간을 잡아낸 작품이지요.

여러분의 눈이 작품의 어디로 가죠? 네, 다들 한 곳으로 갑니다. 아닌 경우도 있겠지만, 묘하게 성기로 가죠. 인간이기 때문에……. 여러분, 왜 자꾸 눈들을 피하세요. 봐도 괜찮아요. 별것 아니에요. 우리들 몸에 다 가지고 있고, 매일 소변 볼 때도 쓰고, 이것 없이는 여러분이 태어날 수가 없는, 여러분 존재의 근원이기도 하죠.

여기서부터 제 이야기가 시작됩니다. 이 〈다비드상〉의 성기는 포경수술을 하지 않은 상태입니다. 포경수술을 잘 모르는 친구도 있을 텐데요, 쉽게 볼펜을 생각해보세요. 여기 볼펜이 있는데, 볼펜심이 들어가 있는 상태가 말하자면 포경이 안 된 상태의 남성의 성기예요. 그런데 성기의 겉피부를 잡아당기면 남성 성기의 끝부분인 귀두 부위가 나오는데, 귀두를 둘러싼 피부 끄트머리를 잘라내 귀두가 늘 노출되게 하는 것이 포경수술입니다. 말하자면 볼펜심이 나와 있는 상태가 포경한 남성의 성기라고 비유할 수 있어요. 포경은 '할례'라고도 하는데, 교회 다니는 친구들은 구약성서에서 이 말을 들어봤을 거예요. 모든 유대인 남성은 태어난 지 8일째 날에 할례를 받습니다. 이때가 아이가 가장 통증을 느끼지 않는 시기라는 믿거나 말거나 한 주장도 있지요. 할례, 즉 포경을 하면 성기에 여러 가지 이물질이 끼지 않게 돼서 좋다, 건강에 이롭다고 알려져 있고요. 한국은 특이하게도 전 세계에서 남성 포경 비율이 제일 높은 나라입니다. 전 세계 어디에도 우리나라만큼 포경수술을 많이 하는 곳이 없어요. 아마도 여기 있는 남학생 상당수, 90% 이상이 했을 거예요. 요즘은 포경수술이 어린이들에 대한 인권침해이고 건강에도 전혀 도움이 안 된다는 입장이 힘을 얻고 있습니다.

다시 미켈란젤로의 〈다비드상〉을 보면, 성기가 말하자면 볼펜심이 들어가 있는 상태, 즉 포경이 안 된 상태예요. 다윗은 대표적인 유대의 민족 영웅입니다. 아브라함의 출현 이후 유대인은 모두 할례를 받았기에, 그 후손인 다윗 역시 할례가 되어 있어야 마땅한데 작품 속에서 그렇게 묘사되어 있지 않아요. 보다시피 당시 일반적인 유럽 남성들의 성기처럼 포경수술이 안 된 상태예요. 어? 이상하죠? 이런 의문을 한 번 품어봐야 합니다. 미켈란젤로는 왜 명백한 유대인인 다윗을 묘사하면서 포경이 안 된 성기를 보여주고 있을까 생각해봐야 합니다.

유대인 솔로몬 페럴 이야기 •••

이걸 설명하기 위해 〈유로파 유로파〉라는 영화 이야기를 먼저 해보려 합니다. 다들 안 보셨죠? 못 본 게 당연한 1990년작 옛날영화예요. 보지 못한 명백한 이유가 되지는 않겠지만, 19금 영화이고요. (웃음) 〈유로파 유로파〉는 솔로몬 페럴이라고 하는 실제인물 이야기입니다. 1925년 독일에서 태어난 솔로몬 페럴은 제2차 세계대전이 터졌을 당시 열네 살 소년이었습니다. 유대인이지만 독일 태생으로 완벽한 독일어를 구사하던 그는, 1933년 히틀러가 집권하면서 가족이 폴란드로 이주합니다. 동시대를 살았던 많은 유대인들이 걸었던 경로를 그대로 따라, 히틀러가 집권하자 일단 폴란드로 도망을 간 겁니다. 그런데 1939

년 독일이 소련과 불가침 조약을 맺습니다. 서로 침공하지 않겠다는 조약을 맺은 독일과 소련은 양쪽에서 폴란드를 침공해서 서쪽은 독일이, 동쪽은 소련이 점령하죠. 이 사건으로 제2차 세계대전이 발발하는데요. 페럴은 독일군이 유대인을 다 죽인다는 소문을 듣고 일단 소련군이 점령한 폴란드 동쪽으로 도망을 갑니다. 거기에서 고아원에 살면서 공산당, 소년당 활동을 하죠.

한데 1942년에 독일이 독소 불가침 조약을 깨고 국경을 넘어 소련으로 진격합니다. 소련과 독일의 전쟁이 시작된 건데, 페럴은 독일군이 밀려오니까 고아원을 탈출해서 더 동쪽으로 도망을 가려다가 독일군에 붙잡히게 돼요. 유대인인 페럴은 독일군에 붙잡히면 죽는 운명이에요. 그런데 그에게는 완벽한 독일어 구사라는 무기가 있어요. 독일군에게 자신은 독일 사람이고 고아인데 어떻게 흘러오다 보니 이렇게 되었다고 거짓말을 합니다. 우리도 6·25 때 미군들이 군대 안에 마스코트같이 한국인 고아 소년을 같이 데리고 있는 경우가 있었어요. 그처럼 독일군이 페럴을 늘 데리고 다닙니다. 더구나 페럴은 러시아말도 완벽하게 구사했기에 소련군 포로를 잡을 때 페럴을 일종의 심문 보조관으로, 통역으로 활용합니다. 아주 기구한 인생이죠. 제2차 세계대전 때 스탈린의 아들 야코프가 포로가 되어 결국엔 포로수용소에서 죽는데요. 야코프가 생포되어 신문할 때 페럴이 직접 러시아말로 통역하는 일을 맡기도 합니다.

이후 부대 안에 미성년자가 있으면 안 된다는 상부의 지침에 따라서 페럴은 독일로 후송됩니다. 독일에서는 히틀러 소년단(히틀러 유겐트)의 일원으로 살다가 거기서 여자 친구도 사귀죠. 여자 친구에게는 유대인임을 끝까지 비밀로 하지만, 여자 친구 엄마한테는 들켜요. 그 사실이 알려지면 바로 죽을 운명인데, 독일인인 여자 친구의 엄마가 눈을 감아줘서 구사일생으로 전쟁 끝까지 살아남고 나중에는 이스라엘로 이주해서 이스라엘 독립 전쟁에도 참여합니다.

영화도 그렇고, 솔로몬 페럴이 쓴 같은 제목의 자서전도 보면, 페럴의 가장 큰 문제는 언제나 목욕이었습니다. 이리저리 러시아군 밑에, 독일군 밑에 있다가, 다시 독일로 돌아와서 히틀러 유겐트로 생활하는 이 모든 과정의 가장 큰 문제가 목욕이었다는 겁니다. 웬 목욕? 의아하지요? 왜냐하면 솔로몬 페럴의 성기가 포경된 상태였기 때문입니다. 유럽 사람은 포경을 하지 않아요. 포경수술 하는 문화는 미국과 미국의 영향을 받은 우리나라와, 아까 이야기했듯이 유대민족 정도입니다. 유럽인은 아무도 안 하기 때문에, 페럴이 아무리 독일 사람 행세를 해도 발가벗고 목욕탕에 들어가는 순간 바로 유대인인 게 들통이 나겠죠. 그래서 목욕을 피하기 위한 페럴의 노력은 눈물겹습니다. 생사가 달린 일이기에……. 그 나이또래가 그렇듯 여자 친구를 사귀면 사랑을 나누고 싶은 마음이 있는데 페럴은 그것도 못해요. 왜? 성기를 보이는 순간, 바로 유대인인 게 탄로나니까요.

자, 여기서 이런 의문을 던져봅니다. 할례는 이처럼 유대인의 정체성을 보여주는 상징인데, 왜 미켈란젤로 같은 탁월한 예술가가 〈다비드 상〉을 만들면서 역사적 사실과 다르게 포경 안 된 성기를 묘사했을까? 단순히 유대인이 아닌 건장한 이탈리아 사람을 모델로 했기 때문일 수도 있고요. 반유대주의 정서가 강했던 유럽문화에서 포경된 동상을 보여줬다가는 예술가 인생에 금이 가기 때문에 그랬을 수도 있습니다.

유대인 하면 천재가 많고 노벨상 수상자가 많다는 식으로 긍정적으로 생각하는 것은 우리나라와 일본만의 두드러진 현상입니다. 학벌 위주의 일본과 한국에서는 묘하게 유대인의 교육방식이 널리 알려지면서 유대인에 대한 긍정적인 인식이 자리 잡았어요. 유대인을 선망하는 것은 전 세계적으로 굉장히 특이한 일입니다. 유럽에서는 전혀 그렇지가 않거든요.

유럽 기독교인들은 다윗이 구약성경에 나오는 인물이기 때문에 다윗을 마치 자신들의 조상이자 정신적인 뿌리로 생각하는데, 만약 포경된 다윗의 성기를 본다면 다윗이 유대인이라는 인식을 하게 되겠죠. 다윗이 그들 자신이 그렇게 미워하는 유대인이라는 사실을 깨닫게 되면 일종의 '멘탈 붕괴'가 오게 되는데, 이를 피하고자 한 의도일 수 있다는 추측도 가능합니다. 물론 우리가 미켈렌젤로에게 왜 포경이 안 된 다윗상을 묘사했습니까 하고 물어볼 수도 없는 노릇이니 이런저런 추정만이 가능할 뿐이죠.

아주 '평범한' 박해 •••

유대인의 역사가 수난의 역사다, 디아스포라로 전 세계로 흩어진 다음에 이루 말할 수 없는 고통을 겪었다라고 흔히들 얘기하지만 누구한테 고통을 겪었는지는 자세히 모릅니다. 기독교가 로마의 국교가 된 이후에 유대인들은 늘 박해를 받는데요, 흩어져 살다 보니 고생 좀 했겠지 하는 정도가 아니었습니다. 그 이상이었죠.

이슬람 하면 한 손에는 코란을 들고 한 손에는 칼을 들고 사람을 죽이는 이미지를 떠올리기 쉬운데, 이슬람 통치하에서, 특히 지금의 스페인 지역인 이베리아 반도 쪽이 이슬람 통치하에 있을 때 유대인들은 문화적으로나 정치적으로 최고의 전성기를 누렸습니다. 그러다 기독교 세력이 이슬람 세력으로부터 이베리아 반도를 되찾으면서 제일 먼저 한 게 유대인을 쫓아내는 일이었어요. 추방하고, 가진 것을 모두 빼앗고, 15세기에서 16세기 내내 남아 있는 유대인들을 기독교로 개종하는 작업을 합니다.

우리가 종교재판 하면 개신교 종교개혁자들을 탄압한 걸로 생각하지만, 스페인처럼 종교재판이 제일 심했던 나라에서는 주된 종교재판의 대상이 개신교인이 아니라 유대인들이었습니다. 잡아다가 기독교로 개종하라고 모진 고문을 했습니다. 고문에 못 이겨서 죽은 사람도 많았고, 어떤 사람은 추방당해서 스페인을 떠나기도 했습니다. 개종하는 사람도 있었지요. 그러나 개종한 후에도 이들은 진짜로 개종을 했을 리 없다며 의심이 대상이 되었습니다.

개종 유대인은 '돼지'라는 뜻의 '마라노(marranos)'로 불렸는데, 유대인을 색출하기 위해 종교재판관들이 안식일마다 개종 유대인의 집 굴뚝에서 연기가 올라오나 안 올라오나 확인했다고 합니다. 유대인은 금요일 해질 때부터 토요일 해질 때까지 하루 동안 안식일이라고 해서 일을 하지 않는데요, 멀리서 개종 유대인의 집을 지켜보다가 아무리 기다려도 불을 때지 않으면 안식일을 지킨다고 추정하고 거짓으로 개종했다는 이유를 들어 고문하고 태워서 죽이기까지 했습니다.

러시아에서는 19세기 후반에서 20세기 초반까지도 유대인 박해가 심했습니다. 동네 깡패들이 오늘 심심한데 유대인이나 잡으러 갈까 하면, 가서 죽이고 강간하는 일이 상시적으로 일어났어요. 이런 사건이 터지면 유대인은 다른 동네로 도망갔고, 계속 흩어진 가운데 무지무지한 박해를 받고 살았습니다. 그 전통이 나중에 유대인 홀로코스트로 이어지게 된 겁니다. 600만 명이 죽은 홀로코스트가 히틀러라는 한 미친놈이 나타나서 갑자기 일어난 일이 전혀 아니고요, 유럽문화에 오랫동안 깔려 있었던 반유대주의 정서가 홀로코스트를 통해서 폭발하게 되었던 겁니다. 그 뿌리를 이 작은 예술작품, 다윗을 묘사한 작품에서도 우리가 볼 수 있습니다. 잘못된 문화, 전통 또는 잘못된 국가권력의 힘을 예술작품 작은 구석에서도 엿볼 수 있어요. 예술이라고 하는 것이 국가권력과 무관할 수가 없다는 말입니다.

〈아저씨〉, 〈악마를 보았다〉, 〈추적자〉가 이야기하고 있는 것 ···

제가 영화로 본 인권 이야기를 모아 『불편해도 괜찮아』라는 책을 냈는데요, 사실 인권 영화라는 게 따로 있는 게 아닙니다. 좋은 인권 영화를 골라서 본 게 아니라, 어느 영화를 보든지 그 안에 인권 이야기가 들어있었습니다. 사람이 있는 곳에는 다 인권 문제가 있고, 영화는 사람의 문제를 다루기 때문이지요. 이번에는 영화와 드라마를 통해 권력과 국가 이야기를 해볼까 합니다.

몇 해 전 〈아저씨〉, 〈악마를 보았다〉, 〈김복남 살인사건의 전말〉 같은 영화가 줄줄이 우리나라에서 히트했습니다. 〈아저씨〉는 이웃집 소녀의 어머니를 살해하고 그 소녀까지 납치한 악인에게 전직 특수요원

차태식(원빈 분)이 복수하는 이야기입니다. 〈악마를 보았다〉 역시 전직 특수부대요원 출신인 김수현(이병헌 분)이 애인을 강간하고 살해한 범인을 알아내 응징하는 이야기입니다. 〈김복남 살인사건〉에는 전직 특수부대요원은 나오지 않아요. 섬에 갇혀 사는 아줌마가 그동안 자신을 못살고 굴고, 강간하고, 자신에게 온갖 나쁜 짓을 일삼은 남편과 시동생과 시어머니 모두를 낫으로 처단하는 내용이거든요.

최근에는 〈추적자〉라는 TV드라마가 선풍적인 인기를 끌었습니다. 대통령 후보인 강동윤(김상중 분)의 아내가 어떤 가수와 놀아나다가 음주운전으로 사고를 내서 여고생을 칩니다. 두 사람은 뺑소니로 도망을 가죠. 차에 치어 죽은 학생은 형사인 백홍석(손현주 분)의 딸이었습니다. 백홍석이 복수를 하려고 법정에 권총을 들고 가서 소란을 피우다 음주운전자 옆자리에 있었던, 과실이 약간 불분명한 가수와 몸싸움을 벌이다가 쓰러지면서 총이 발사되어 그 가수가 죽게 됩니다.

〈아저씨〉, 〈악마를 보았다〉, 〈김복남 살인사건의 전말〉, 〈추적자〉에 이르기까지 이와 같은 영화나 드라마를 잇는 하나의 흐름이 있다면, 한마디로 '사적 보복'입니다. 국가가 자기 역할을 못하니까 사람들이 직접 해결에 나서서 애인의 원수를 갚고, 딸의 원수를 갚고, 같은 동네에 사는 어린아이의 원수를 갚습니다. 총을 양손으로 쏘고 날아다니면서 이단옆차기를 하는 복수입니다. 그러나 슬프게도 우리들 대부분은 전직 북파 공작원도 국정원 요원도 아닙니다. 우리가 그런 사적 보복을 할 수 없는 사람들이라는 말이죠.

왜 사람들이 이와 같이 사적인 보복에 나서게 되는 걸까요? 정부의 보복이 만족스럽지 못하기 때문이라고 흔히들 생각합니다. 형량이 너무 낮다, 그래서 처벌을 더 강화해야 한다는 이야기는 무서운 범죄 소식이 들려올 때마다 나오는 반응이죠. 저는 먼저 이런 '사적인 보복'을 다룬 영화나 드라마가 나오게 된 사회분위기를 지적하고 싶습니다.

모든 것을 개인 책임으로 돌리는 사회 •••

여러분, 텔레비전에서 공익광고 종종 보지요? 한국 산업안전보건공단에서 '조심조심 코리아'라는 캠페인을 만들었어요. 노래도 있어요. "오늘도 빨리빨리 오늘도 대충대충 안 돼요. 위험해요. 조심조심 코리아. 위험은 숨어 있죠. 위험 찾아 꽁꽁 묶고 안전 길로 걸어가요. 조심조심 코리아. 우리의 행복 위해 우리의 건강 위해 다함께 같이해요. 조심조심 코리아."

첫 번째 텔레비전 홍보 캠페인 영상은 이런 장면을 담고 있었어요. 무지하게 잘사는 집을 배경으로 엄마와 아이가 목욕탕에서 같이 빨래를 밟으면서 놀고 있습니다. 마치 거품놀이를 하는 것같이 아이의 얼굴에는 행복이 쏟아집니다. 엄마도 행복해 죽겠다는 표정이에요. 텔레비전에서 늘 보여주는 오버 표정 알지요? 그러다가 전화벨이 갑자기 울립니다. 엄마가 욕조에서 발을 빼고 전화를 받으러 가다가 비누에 미끄러집니다. 아이의 놀라는 표정이 화면에 비치고 '으악' 하는 소리와 함께 곧바로 다음 에피소드가 이어져요. 이번에는 공장에서 어떤 청년이 기계 앞에서 일을 하고 있습니다. 그런데 저쪽에 기가 막힌 미녀가 웃으면서 지나갑니다. 노동자 청년은 그 아가씨와 가정을 이뤄서 행복이 쏟아지는 상상을 하다가 그만 기계에 손이 끼고 맙니다. '으악!'

하는 비명소리에 여자의 표정이 바뀌는 장면이 이어 나옵니다.

저는 이 광고를 보면서 많이 놀랐습니다. 나라에서 국민의 세금을 들여 만든 영상이라고는 도무지 믿기지가 않더라고요. 뭐가 문제일까요? 여러분, 생각해보세요. 목욕탕에서 아이와 놀다 나오던 중에 비누를 잘못 밟아 엄마가 죽을 확률을 한번 생각해보시고요, 공장에서 일을 하다가 거의 미스코리아 수준의 미녀가 지나가서 넋 놓고 바라보다 노동자가 상해를 입을 확률을 생각해보십시오.

한국산업안전보건공단에서 걱정해야 되는 것은 노동자들이 충분히 휴식을 취하지 못하는 가운데 과도한 노동에 투입되어 발생하는 사고입니다. 산업사고를 일으키는 구조와 시스템에 대해서 고민하는 것이 원래 국가기관이나 국가가 투자해서 만든 공단이 해야 할 역할인데, 지금 말씀드린 광고는 어떻습니까? 우리 일상에서 쉽게 일어날 것 같지 않은 사례를 계속 보여주면서 "조심조심" 하라고 이야기하고 있어요. 이게 이명박 정부 시절에 만들어진 광고들입니다. 이와 같은 캠페인이 보여주는 메시지는 하나입니다. 사고가 나면 네 책임이라는 거예요. '조심 좀 하지, 이 사람들아! 조심했으면 엎어져서 머리통 깨지는 일은 안 생겼을 거 아니냐. 사고가 나든 뭐가 잘못되든 그건 개인 책임이지 국가 책임이 아니다'라는 식의 이야기를 국가가 돈을 들여서 계속 광고를 만들어왔다는 겁니다.

여러분보다 몇 살 많은 언니, 오빠들이 삼성반도체 공장에 어렵게 취직을 했는데, 멀쩡하던 사람들이 백혈병으로 사망한 사건이 여럿 있었습니다. 이것이야말로 한국산업안전보건공단에서 관심을 가지고 뭐가 문제인지 밝혀내야 할 일입니다. 이건 개인이 아무리 조심한다고

우리는 타인과의 마주침 속에서 성장한다

105

해서 피할 수 있는 일이 아니잖아요. 반도체 공장에서 유독화학약품을 많이 쓴다고 합니다. 삼성에 들어간 걸 자랑스럽게 생각하던 청년들이 졸지에 예상치 않은 병에 걸려 단기간에 사망하는데, 여기에 국가나 사회가 관심을 갖지 않는 구조 속에 우리가 살고 있습니다.

사회안전망에 전혀 관심이 없는 정부 아래 있을 때, 사람들이 개인의 힘으로 자기관리를 되찾는, 즉 사적인 보복을 통해서 자기가 원하는 것을 해결하는 이와 같은 영화들이 계속 쏟아져 나올 수밖에 없다는 게 저의 생각입니다. '모든 것은 네 책임이고, 국가는 알 바 아니다'라고 이야기하는 사회분위기에서 사적 보복을 다룬 영화들이 폭발적으로 쏟아져 나오는 것은 전혀 신기한 일이 아닙니다. 그런데 이런 이야기를 공익광고만 하고 있을까요? 이게 단순히 공익광고만의 문제일까요?

2010년 8월 지식경제부장관에서 낙마한 어느 후보자를 생각해봅시다. 그나마 그때 인사청문회 나왔던 분들 중 제일 나은 분이었다고 사람들이 이야기했죠. 아주 못된 사람은 아니라고요. 20억 원의 재산과 연금이 있었고, 대형로펌 고문, 유명 대학 자문, 상가임대료 등으로 엄청난 수입을 얻는 분이었는데, 이분이 쪽방을 구입해서 부동산 투기를 한 게 논란이 됐습니다. 쪽방은 어렵게 사시는 분들이 매일매일 일정의 돈을 내고 들어가서 잠을 자는, 아주 좁고 열악한 시설입니다. 그 장관 후보자에게 쪽방 동네 부동산을 왜 구입했냐고 물어보니까 노후대책으로 마련했다는 답이 돌아왔습니다. 노후대책! 저는 이분이 아무리 훌륭한 사람이라 해도 절대 장관이 되면 안 된다고 생각합니다. 이유는 한 가지예요. 왜? 국가 시스템에 대한 믿음이 전혀 없기 때문입니다. 자기 재산이 20억 원에, 1년에 4~5억 원을 벌고 있는 분이 노후대책을 걱정하고, 그 대책으로 부동산을 마련했어요. 국가가 국민의 노후에 대해서 아무것도 할 수 없다고 생각하는 사람이 지식경제부 장관을 한다는 것은 사실 말이 안 되죠. 결국엔 낙마했는데, 이런 사례들은 일정한 사회 흐름을 반영한 것입니다. 즉, 옆집 아이가 납치를 당해도 애인이 강간을 당해도 딸이 살해를 당해도 국가는 아무것도 안 하니까, 결국은 개인의 힘으로 문제를 해결해야 한다는 메시지입니다. 문제는 우리 대부분이 슈퍼맨 같은 영화 속 원빈이 아니라 보통의 존재라는 거죠. 어떻게 하면 좋은가가 또 문제이지요. 사적 보복을 이야기하는 영화들은 이런 문제를 간과하고 있습니다.

우리가 간과한 국가폭력이라는 무서운 그림자 • • •

사적 보복을 강조하는 사회일수록 국가폭력에는 침묵합니다. 영화들도 국가가 폭력의 주체가 됐을 때 일어나는 무시무시한 상황에 대해서는 이야기하지 않고, 주로 개인의 문제들만 다룹니다. 국가폭력을 다룬 영화들이 1980년대 이후에 조금 나오다가 지금은 거의 씨가 말랐습니다. 이제는 범죄자로 억울하게 몰려서 국가 시스템에 희생되는 사람들을 보여주는 영화는 거의 없습니다. 대개 주인공들이 개인이 저지른 범죄에 대해서 사적으로 응징에 나서는 모습만 그릴 뿐, 국가폭력의 피해자가 된 모습 같은 건 잘 보여주지 않습니다.

가끔 〈에너미 오브 스테이트(Enermy of State)〉처럼 국가폭력을 다룬 영화가 있습니다. 줄거리는 대략 이래요. 변호사가 자기도 모르는 사이에 국가의 엄청난 비밀이 담겨진 디스켓을 소지하게 되면서 기관의 추적을 받고 쫓기게 됩니다. 디스켓에는 정보기관의 지도자가 누군가를 살해하는 장면이 녹화되어 있었습니다. 그 후 주인공은 직장에서 해고당하고, 위성을 통해서 24시간 감시를 받고 어디로도 도망갈 수 없는 신세가 됩니다. 그러다 주인공이 무림의 고수를 만나 도움을 받습니다. 그 무림의 고수는 예전에 정보기관에서 일했던 사람인데, 어떤 이유에서 혼자 요새에 숨어 지내는 사람입니다. 우리 같은 사람이 일상에서 만날 가능성이 0%인 사람이죠. 그 후 이야기가 어떻게 전개되는가 하면 처음에는 국가 전체가 범죄 일당인 것처럼 묘사되다가 나중에는 시스템 전체를 움직이는 어떤 쥐새끼 같은 나쁜 사람 한둘이 나오고, 그 사람을 색출한 다음에는 아무 일도 없었다는 듯이 모든 일상이 정상으로 돌아가는 것으로 마무리됩니다. 이게 미국영화의 문법입니다. 알고 보니 국가 전체가 범죄 일당이 아니라 한두 놈이 나쁜 놈이었고, 사악한 나쁜 놈을 붙잡고 난 후에는 모든 문제가 잘 해결됐다고 끝을 맺는 구성 말입니다.

〈마이너리티 리포트(Minority Report)〉 같은 영화도 똑같은 기본 틀로 전개됩니다. 한두 사람에 의해서도 국가 시스템이 완전히 잘못 굴러갈 수 있다는 이야기를 하거든요. 그런데 말입니다, '당신은 국가폭력에서 얼마나 자유로운가' 이런 얘기를 우리가 한번 해봐야 됩니다. 나치 홀로코스트 문제를 논할 때 가해자, 피해자, 방관자 이야기가 빠지지 않고 나옵니다. 폭력을 행사하는 가해자가 있고, 그들 손에 억울하게 죽는 유대인이나 러시아 포로, 지적장애인, 집시 등이 피해자입니다. 피해가 일어나는 걸 그대로 보고 있는 사람이 방관자인데, 다수가 여기에 해당합니다. 여기에 더해 아주 희귀한 케이스로 구조자가 있습니다. 피해자를 돕는 사람이지요. 이건 복잡하게 생각할 필요 없이, 여러분 교실에서 일어나는 왕따 상황만 생각해도 그대로 적용이 됩니다. 직접 왕따를 시키는 주도자 몇 명, 왕따를 당하는 피해자, '에이, 내가 안 하면 되지' 하고 개입하지 않는 다수의 방관자, 거의 찾아볼 수 없는 부류로 왕따당하는 애와 벗이 되고자 하는 구조자, 이렇게 구분할 수 있지요.

국가폭력이 있는 곳 어디에도 가해자, 피해자, 방관자가 있습니다. 그런데 이 국가폭력의 위험성은 아무리 강조해도 지나치지 않습니다. 어떤 연쇄살인범도 사람 많이 죽여봐야 서른 명 정도입니다. 그런데 히틀러가 집권한 이후 나치 홀로코스트로 죽은 사람이 천만 명이라고 합니다. 그중에 유대인은 600만 명에 이른다고 하지요. 르완다에서는 1994년에 후투족-투치족 간의 끔찍한 종족전쟁이 일어났는데, 그때 후투족에게 학살당한 투치족이 3개월 만에 100만 명에 달했다고 합니다. 이런 역사적 비극을 보았을 때 사람들은 600만 명이 죽은 하나의 사건이라고, 100만 명이 죽은 하나의 사건이라고 생각합니다. 그런데 사실은 한 명이 죽은 600만 개의 사건입니다. 한 명이 죽은 100만 개의 사건이에요. 여러분과 똑같은 사람 한 명이 죽은 100만 개의 사건 말입니다.

어떤 연쇄살인범도 서른 명 이상은 살인하기가 어려운데, 20세기에 스탈린, 히틀러, 폴 포트 등등 국가권력이 개입해서 학살된 사람들 숫자를 추산할 때 1억 9천만 명 정도라고 이야기합니다. 국가가 괴물로 변하는 순간 연쇄살인범 몇 명하고는 비교가 안 될 정도의 끔찍한 결과를

피카소, 〈한국에서의 학살〉, 1951

"국가가 괴물로 변하면 감히 상상하기 어려울 만큼 끔찍한 결과를 낳습니다. 히틀러가 집권한 이후 나치 홀로코스트로 죽은 사람이 천만 명이라고 합니다. 그중에 유대인은 600만 명에 이른다고 하지요. 이런 역사적 비극을 보았을 때 사람들은 600만 명이 죽은 하나의 사건이라고 생각합니다. 그런데 사실은 한 명이 죽은 600만 개의 사건입니다. 여러분과 똑같은 사람 한 명이 죽은 600만 개의 사건 말입니다."

낳습니다. 그런데 우리는 계속 사적 폭력을 다룬 영화를 보면서 국가폭력이라고 하는 무시무시한 괴물에 대해서는 눈을 감고 지냅니다.

'에이, 우리가 사는 세상에 무슨 그런 일이 일어나겠어?' 이런 생각하는 친구들 있지요? 지금은 국가폭력에 의한 통제에서 정보 불균형 또는 감시에 의한 통제로 사회가 점점 이동하고 있습니다. 푸코가 이야기한 '판옵티콘'이라고 하는 감시사회가 우리들 앞에 현실로 나타나고 있습니다. 전 국민이 카메라를 늘 가지고 다닙니다. 더구나 사진기 기능은 물론 동영상 녹화까지 되는 카메라이지요. 지하철이나 버스 타고 집에 가면서 여러분이 몇 개의 카메라에 찍히는지 대충 한번 세어보세요. 인권위 조사에 따르면 하루 평균 83.1회 찍힌다고 하더라고요. 카메라만 있나요? 지금은 돈 쓰는 일을 신용카드로 해요. 신용카드 안에 교통카드 기능이 같이 있고요. 대중교통도 거의 대부분 교통카드로 이용하죠. 청소년 교통카드 같은 경우는 청소년 신분을 확인하는 절차 때문에 인터넷에 등록하도록 하고 있어요. 그래서 여러분이 교통카드를 찍고 지하철을 타는 순간, 정확히 20××년 6월 16일 12시 37분 58초에 경복궁역에 들어가서 1시 27분 34초에 무슨 역에서 나오는지까지가 어딘가에 기록이 될 수 있습니다. 이게 굉장히 무서운 일이에요. 예전에는 이런 게 기록이 된다는 걸 상상할 수 없었어요. 어디다 그걸 기록하겠어요? 지금은 거의 무한대의 기억시스템이 마련되어 있기 때문에 누군가가 여러분의 일상을 완벽하게 파악할 수가 있어요. 그게 국가일 수도 있고 다른 누군가일 수도 있지요.

카메라에 잡히지, 신용카드 사용하지, 여러분의 동선을 정확하게 파악할 수 있는 사회에 우리가 살고 있습니다. 요새 소셜 네트워크 서비스 웹사이트인 페이스북 많이들 하는데요, 페이스북 사진 검색시스템으로 사진 얼굴 윤곽을 잡아서 검색하면 동일한 사람의 다른 사진을 찾아낼 수가 있다고 합니다. 이건 여러분이 어디에 있는지, 전국적으로 흩어져 있는 카메라들에 얼굴 검색을 해보면 몇 시 몇 분에 어디를 돌아다니고 있는지 완벽하게 파악이 가능하다는 말입니다.

이명박 정권 때 민간인 사찰이 자주 문제가 되었는데, 여러분 한번 생각해보세요. 대통령이라면, 저 신문사 사장, 저 장관, 저 총리는 뒤에서 뭘 하고 있을까? 저놈은 무슨 비밀이 있을까? 어떤 못된 짓을 하고 있을까? 안 궁금할 것 같아요? 누구나 궁금해져요. 그런데 정보기관에서 그런 정보를 자꾸 가져옵니다. '어떤 장관은 오피스텔에 자꾸 드나드는데 젊은 여자가 있더라' 그러면 '와! 그래?' 이러면서 자꾸 보게 되죠. 엿보기 본능이 우리한테 다 있어요. 어떤 신앙 위인 내지는 정신적으로 엄청난 경지에 이른 사람이 아니고서는 정보기관이 물어다주는 그와 같은 얘기에 무심할 수 없습니다.

그런데 절대권력을 쥔 사람 입장에서 여러분을 통제하려고 작정했을 때 엄마도 모르는 비밀을 갖다 들이대면서 협박을 할 수가 있습니다. '우리가 시키는 대로 안 하면, 이 사실을 폭로하겠어' 이렇게요. 이런 상황에 처했을 때 폭로해보라고 말할 수 있는 사람이 얼마나 될까요? 국가권력이 잘못된 방향으로 나아가게 될 때 엄청나게 무서운 결과가 나올 수 있는데, 지금은 옛날같이 주먹질을 하는 게 아니라, 정보 불균형과 정보 통제에 의해서 통제하는 무서운 세상이 다가오고 있는 겁니다.

이야기가 곧 힘이다! •••

이렇듯 예술작품이나 영화는 몰랐던 진실에 눈을 뜰 수 있는 좋은 화제들을 제공합니다. 저는 영화를 보면서 영어 공부를 했습니다. 처음에는 자막과 함께 나중에는 자막 없이 영화를 봤어요. 공부라는 게 하기 싫은데 억지로 하면 머리에 절대 안 들어와요. 자기한테 흥미 있는 분야, 재미있는 분야는 스스로 지식을 얻고 싶어서 하기 때문에 공부가 저절로 돼요. 저는 홀로코스트에 관심이 많았는데, 한국에는 관련 서적이 없었어요. 훗날 미국에 있는 동안 홀로코스트 책들을 찾아 읽다 보니, 아까 이야기한 '솔로몬 패럴'의 자서전도 찾아 읽게 되었지요. 자신의 관심 분야 책들을 외국어로 읽다 보면 단어는 몰라도 점점 무슨 내용인지가 눈에 들어와요.

오늘 제가 들려드린 유대인 솔로몬 패럴의 삶도, 다비드상 뒤에 숨겨진 이야기도 따지고 보면 다 이야기입니다. 저는 세상을 바꾸는 것은 논리의 힘도 있지만, 많은 경우 이야기라고 생각합니다. 예수님은 이래라 저래라 말씀하신 것보다 계속 뜬금없이 옛날이야기를 들려주셨어요. 이것이 이야기의 '힘'이라 할 수 있습니다. 이야기라는 게 듣다 보면 자기도 모르게 변할 수 있거든요.

여러분에게 질문하고 싶어요. 여러분에겐 어떤 이야기가 있나요? 지금 여러분 삶의 이야기는 무엇인가요? 입사지원서를 쓸 때 절대로 쓰면 안 되는 표현 제1순위가 '저는 자상한 어머니와 엄한 아버지 사이에서 태어나……'입니다. 심사하는 분들이 읽는 순간 집어던진대요. 저도 대학에서 입시사정할 때 '또 이 얘기야' 하고 넘겨버려요. 짧게 사람의 눈을 끌 수 있는 이야깃거리가 있어야 되는데 평탄하게 자란 사람들은 그런 이야깃거리가 없어요. 그럼 뭐가 이야기가 될 수 있을까요? 예를 들면 이런 거예요.

제가 동성애자 옹호를 시작하면서 기독교계에서 왕따를 당하고 있는데요. 쟤는 기독교인이 아니라는 식의 이야기를 많이 들었습니다. 요즘에는 마음이 좀 편해져서 이런 소리를 들어도 흘려버립니다. 옛날에는 자기 옹호를 하려고 하다가 얼굴 붉힌 일도 많았지요. 그런데 이제는 우리 집 딸이 그래요. 딸이 중3 때 교회 오빠들하고 이런 일이 있었답니다. 중3 애가 "우리 학교에 게이들이 있어" 이렇게 이야기하니까, 성경 공부 가르치는 멋진 오빠의 반응이 이랬답니다. "어우 더러운 새끼들." 그 말을 듣고 제 딸이 확 돌아서 어떻게 사람한테 그렇게 말할 수 있냐고 따져 물었다고 합니다. "오빠가 동성애자 본 적이 있느냐" 하면서. 그런데 저도 딸한테 묻고 싶었어요. 너는 본 적이 있느냐고. 저는 게이나 레즈비언 친구들이 많이 있는데요, 제 딸에 대해서 걱정하는 건 자기가 겪어보지 못한 아빠의 경험을 자기 경험으로 그대로 받아들이면서 너무 쉽게 싸움에 나선다는 거예요. 한참 후에 오빠들하고 애들이 모여서 "쟤는 위험한 애인 것 같애" 하고 수군대더랍니다. 처음엔 저도 딸아이 걱정을 했어요. 논리도 없고 아무것도 없는 애가 싸움부터 시작하면 어떻게 하나 싶었거든요. 지금은 딸도 자기 이야깃거리를 만들어가기 시작하는구나 싶어 다행이라 생각해요. '나에겐 어떤 이야깃거리가 있고, 앞으로 어떤 이야기를 다른 사람들한테 들려줄 수 있을까' 이 질문을 각자 스스로에게 해보세요.

점심시간에 왕따당하는 친구와 식당에 동행하는 건 어떤가요. 그다음부터는 가만히 앉아 있어도 이야깃거리가 생겨납니다. 한 번도 생각하지 않았던 놀라운 인생 경험이 펼쳐지기 시작하고요. 아주 작은 일에서부터 이야기는 시작됩니다. 그 이야기의 힘을 여러분이 살면서 경험하게 될 거예요. 강연은 여기서 마치고 나머지 시간에는 여러분의 질문을 받도록 하겠습니다. 신랄한 코멘트든 질문이든 뭐든 좋습니다.

의심스러울 때는 약자의 이익으로! • • •

청소년 : 힘에는 흑인 인권 같은 긍정적인 힘도 있고, 핵개발 같은 부정적인 힘도 있는데, 그 둘을 분간하기가 힘들잖아요. 긍정적인 힘과 부정적인 힘을 구별하려면 어떻게 해야 하나요?

김두식 : 그건 일단 힘보다는 '무엇이 정의인가' 하는 문제에 가까운 것 같습니다. 우리 사회가 점점 복잡해지다 보니 판단하기가 매우 헷갈리죠. 왜냐하면 양쪽에서 하는 얘기가 다 일성 부분 맞거든요. 〈100분 토론〉 같은 프로그램을 보면 어느 하나는 완전히 악의 편이고 다른 하나는 완전히 선의 편인 그런 경우는 없습니다.

저는 그 둘을 구분할 때 이렇게 정리합니다. 제가 법대에서 형법, 형사소송법을 가르치는데, 형법이나 형사소송법에서 제일 중요한 법 정신은 '의심스러울 때는 피고인의 이익으로(in dubio pro reo)'라는 원칙입니다. 피고인이 사람을 죽인 것 같기도 하고 안 죽인 것 같기도 할 때는 안 죽인 것으로 보라는 겁니다. 이걸 달리 이야기하면 '의심스러우면 약자의 이익으로'가 됩니다. 무슨 의미냐 하면, 토론이 벌어지는데 누가 옳은지 파악하기 어려운 상황을 생각해봅시다. FTA고 강정 해군기지 문제고 잘 모르겠어요. 양쪽 다 옳은 것 같아요. 이럴 때 누가 약

"형법, 형사소송법에서 제일 중요한 법 정신은 '의심스러울 때는 피고인의 이익으로(in dubio pro reo)'라는 원칙입니다. 이걸 달리 이야기하면 '의심스러우면 약자의 이익으로'가 됩니다. 예를 들어 토론이 벌어지는데 누가 옳은지 파악하기 어려운 상황을 생각해봅시다. 이럴 때 누가 약자인지를 한번 살펴보라는 거죠. 그리고 약자 편을 들기로 마음먹는 겁니다."

자인지를 한번 살펴보라는 거죠. 그리고 약자 편을 들기로 마음먹는 겁니다.

'의심스러울 때는 자유의 이익으로', 이런 원칙도 있습니다. 개인의 이익을 최대한 보장하는 쪽으로 해석하라는 원칙입니다. 이 같은 원칙에 따라서 사건을 바라보면 아주 불명확했던 것들이 선명하게 드러나는 것을 느끼게 됩니다.

어떤 힘이 긍정적인 힘이고 부정적인 힘인가의 문제도 마찬가지입니다. 강자 입장에서 약자를 억누르기 위해서 또는 가진 게 많은 사람이 더 가지기 위해서 행사하는 힘은 대체로 부정적인 힘입니다. 반대로 왕따당하는 친구와 함께 식당에 가기 위해서 보여주는 힘, 그 내면의 힘은 무시무시한 힘이겠지요. 긍정적이고 의미 있는 힘이라고 볼 수 있습니다. 질문만큼 대답이 좋았는지는 모르겠네요.

청소년 : 영화에 관심이 많다고 하셨잖아요. 저도 관심이 많은데, 저희에게 이야깃거리를 만드는 데 도움을 줄 만한 영화로는 뭐가 있을까요?

김두식 : 사실 영화보다는 책을 권하고 싶어요. 제가 최근에 『소피의 선택』이라는 소설을 읽으면서 참 많이 놀랐습니다. 홀로코스트를 다룬 기념비적인 동명의 영화를 본 적이 있었는데, 소설에는 영화보다 100배쯤 많은 이야기들이 숨어 있더군요. 저는 가급적 책을, 특히 '소설'을 읽으라고 말씀드리고 싶습니다. 잘 쓴 소설에는 철학·역사·문학 등 문명의 성과들이 집약되어 있습니다. 직접 겪었다면 견딜 수 없었을 일들은 간접적으로라도 경험하게 해주죠. 인간에 대한 이해를 넓

혀주고요. 제가 요새 멘토들에게 조금 지쳤습니다. 한국 사회에 갑자기 웬 멘토들이 그렇지 많아졌는지, 얘도 멘토, 쟤도 멘토, 다 멘토예요. 저는 멘토 찾아다니고 멘토가 하는 콘서트 갈 시간이 있으면 집에 앉아서 그냥 세계문학전집을 읽으라고 이야기하고 싶어요. 책에는 늘 배울 게 있다고 생각해요.

청소년 : 선생님의 이야깃거리 몇 가지만 들려주세요.

김두식 : 아! 제 이야기요? 제가 그동안 책을 여러 권 썼는데요. '왜 그 책을 쓰게 됐을까?' 생각해보면, 이야기가 저를 찾아온 경우가 참 많았던 것 같습니다. 맨 처음 인권에 관심을 두고 쓴 책이 양심적 병역거부에 관한 책이었는데요, 양심에 따른 병역거부, 전 안 했고요. 군법무관으로 군대 잘 갔다 온 사람인데, 이런 제가 이 문제에 관심을 두게 된 것은 군생활 시절의 경험 때문이었습니다.

군사령부의 검찰관으로 일한 저는 여러 임무를 수행했습니다. 관할 내 형사 사건을 검찰관 자격으로 수사했고, 이웃한 다른 관할에 가서는 국선변호인 역할을 했습니다. 국선변호인을 하면서, 양심에 따른 병역거부로 재판받는 친구들을 많이 만날 수 있었습니다. 여호와의 증인들이 많았는데, 병역거부를 했다는 이유로 재판받으러 온 열아홉, 스무 살 된 친구들 얼굴을 보면 죄 지은 애들이 아니에요. 그냥 착한 젊은이인데, 이들이 왜 감옥에 와 있을까 하는 고민을 군대에서부터 품기 시작했습니다. 나중에 제가 검사직을 그만 두고 미국에 가서 2년 정도 '전업주부'로 산 적이 있는데 그때 관련 책들을 찾아 공부하기 시작했고요. 군생활 중에 여호와의 증인들과 만났던 일들과, 훗날 양심적 병역거부, 기독교 평화주의 문제를 공부한 게 첫 책이 나오게 된 계기였지요.

그다음으로 동성애 문제에 대해 고민을 많이 했어요. 성경에서 죄라고 이야기하는 동성애를 어떻게 바라볼 것인가 하는 건 최근에 쓴 세 권의 책 안에 제 생각이 변화해온 과정이 고스란히 담겨 있습니다. 『교회 속의 세상, 세상 속의 교회』라는 책에서 제가 이런 이야기를 했습니다. "동성애가 죄인지 아닌지는 내가 신학자가 아니기 때문에 알 바 아니고, 질문을 조금 바꿔보자. 왜 당신 주변에는 동성애자 친구가 없는가? 통계적으로 100명 중에 5명 정도는 있기 마련인데, 당신 옆에 동성애자 친구가 없는 것은 실제로 동성애자가 없어서가 아니라, 당신이 그 친구 입장에서 동성애자라는 사실을 고백할 수 있는 친구가 아닌 것뿐이다."

『불편해도 괜찮아』라는 다음 책에서는 "내가 내 아내를 사랑하는 것과, 한 남자가 한 남자를, 한 여자가 한 여자를 사랑하는 것이 도대체 뭐가 다른지 모르겠다"라고 썼습니다. 별거 아닌 표현일지는 몰라도, 제가 몸담고 있는 한국 기독교 근본주의 신학의 선을 처음으로 넘은 시도였습니다. 저로서는 굉장히 용기 있는 '선 넘기'였지요. 『욕망해도 괜찮아』에서는 교회를 꽤 열심히 다니는 제가 혼전성교에 관해 이야기했습니다. 사랑이 함께하는 섹스라면 왜 결혼 전에 무조건 안 되는 것인지에 대한 의문을 제기했어요.

제가 쓴 책들은 전부 객관적인 남들의 이야기를 한 게 아니라, 제 생각이 넓어지는 과정을 그대로 적은 기록이었어요. 제가 서서히 선을 넓혀온, 생각이 넓어지는 이 모든 이야기가 제 이야기인 것 같아요. 대답이 되었는지 모르겠네요.

자기의 불행을 이야기로 표현하지 못하는 세대 •••

청소년 : 선생님이 이야기에 대해 말씀하셨잖아요. 제가 고3인데, 대학을 어디로 가야 할까 생각하다가 자기소개를 한번 써보려고 책상에 앉았는데 글이 너무 안 써지는 거예요. 아, 내가 정말 이야기가 없구나, 내가 좋아하는 게 뭐고, 이걸 위해서 어떤 일을 했고, 이런 게 술술 나와야 하는데, 내가 평소에 그런 생각을 안 하고 그냥 공부만 하고 살았구나 하는 생각이 들었어요. 3학년이 돼서야 내가 원하는 게 뭔지를 고민하면서 요새 나에게 이야기가 없구나라는 걸 뼈저리게 느꼈습니다. 그래서인지 선생님의 이야기가 많이 와 닿았어요.

김두식 : 제가 친구 이야기를 받아서 한 가지 얘길 하자면, 부부 사이가 나쁜 한국 부부들이 애 때문에 이혼 못 한다는 소리를 많이 해요. 아이의 미래를 위해서 이혼 못 한다는 말이죠. 한데 잘 생각해보면요, 엄마 아빠가 매일 싸우거나 또는 겉으로는 멀쩡해 보이는데 알 수 없는 냉기가 흐르는 집에서 크는 것보다는 부모 둘 중에 한 명하고 사는 게 더 나을 수 있어요. 미국의 어느 상담가가 이런 이야기를 했습니다. "집에서 햄스터 하나 죽는 걸 보지 못한 사람이 어떻게 인간의 아픔을 이해하고 어른이 될 수 있겠느냐?" 햄스터는 애완용으로 기르는 쥐보다 약간 작은 설치류죠. 애완동물의 죽음이나 부모의 이혼같이 우리 삶에 닥치는 예기치 못한 불행 같은 게 있습니다. 아이의 잘못 때문에 벌어진 일이 아니라, 갑자기 하늘에서 뚝 떨어지는 불행 같은 건데, 사

실 거기에서도 이야기가 싹트고 그걸 통해서 사람이 성숙합니다. 상담가가 한 말의 요지는, 부모의 이혼도 아이들은 다 겪어내고 거기에서 배우고 성숙하는데, 그게 무서워서 이혼 못 한다는 건 다 거짓말이라는 식의 이야기예요.

요즘 젊은 세대들을 보면 불행한데 그 불행을 이야기로 표현할 방법이 없는 것 같습니다. 그게 제일 큰 불행이라고 저는 생각해요. 부모님이 이혼했다 그러면 이야기할 게 있지요. 그게 아니고 늘 불행한데 불행을 설명할 방법이 없어요. 도대체 뭐가 문제길래?

교회를 열심히 다니는 우리 딸이 이런 고통을 호소했어요. 기도하다 보면 혹시 귀신 들리는 거 아닐까 하는 걱정이 든대요. 딸에게 제가 전혀 걱정할 필요 없다고 이야기했습니다. 기도하다가 귀신이 사람에게 들어오는 일 같은 건 이제 없다고요. 제가 보기에 한국에서는 두 개의 시스템을 돌리는 것만으로 충분합니다. 하나는 교육 시스템입니다. 다른 하나는 비정규직 시스템입니다. 사탄이 굴리는 거대하고 무시무시한 시스템이 돌아가고 있는데, 이 수레바퀴를 아무도 멈추질 못합니다. 매일같이 청소년들이 옥상에서 떨어지고 있습니다. 사람이 미치고 죽어나가는 일이 계속 벌어지고 있지요. 이 시스템을 만들어놓고 사탄이 쉬고 있다고 딸한테 이야기했더니 딸도 공감을 하더군요.

길담서원에 자녀를 보낼 정도면 아마 여러분의 부모님은 훌륭하고 진보적인 부모님이실 거예요. 김규항 선생이 이런 이야기를 하죠. "보수적인 부모는 아이를 일류대에 보내려고 하고, 진보적인 부모는 아이를 의식 있는 일류대생으로 만들려고 한다." 굉장히 통찰력 있는 이야기인데, 진보적인 386세대 부모 역시 아이에게 공부를 잘해야 한다는 걸 계속 주입하고 있다는 거죠. 악마의 시스템에 아이를 굴리고 있다는 점에서 진보적인 부모도 하나도 다르지 않다는 말입니다. 그럼 어떻게 해야 될까요? 막막하게도 그 답이 잘 보이지가 않습니다. 이건 정말이지 국민대회라도 열어서 고민해야 될 문제 아닌가요?

청소년 : 청소년들의 미래를 위해서 저희가 만들어나갈 수 있는 이야깃거리로는 어떤 것들이 있을까요?

김두식 : 그 예로 왕따당하는 친구에게 용기 내 다가가보는 건 아까 이야기했지요. 사실 이건 저한테 물어야 될 게 아니라, 여러분 세대가 자기들끼리 함께 이야기하고 고민해서 답을 찾아야 하는 문제입니다. 저도 여러분 또래의 딸을 키우지만 우리 딸이 어떤 세상을 살고 있는지 몰라요. 앞의 세대는 '그냥 우리는 이랬었다' 정도를 들려줄 수 있을 뿐이지 '이래라저래라' 얘기할 수 없어요. 어떤 얘기를 만들어갈지는 철저하게 당사자 자신들 문제입니다. 제가 멘토 현상에 대해서 진저리를 치는 이유 중 하나도 바로 이 지점이에요.

딸아이가 한 시간만 카카오톡을 꺼놨다가 켜도 메시지가 600개가 들어와 있다는 얘기를 저한테 하더라고요. 자기반 애들이 한 시간에 600개씩 메시지를 올린대요. 그런데 그다음에 한 말이 더 재미있어요. 카카오톡에서 한 친구가 '나 머리 했어'라고 사진을 올리면 '어, 너 예쁘다', '이번 머리는 더 예쁘다' 이렇게 댓글이 달리는데, 막상 학교에서 실제로 만나면 서로 말도 안 섞는대요. 데면데면하대요. 굉장히 이상한 일이죠. 이런 작은 것에서부터 이야기를 시작해보는 겁니다. 대체 왜 이럴까? 카카오톡에서 만들어지는 이야기는 과연 이야기인가?

카카오톡에서 백 마디 주고받는 것보다 그냥 얼굴 보고 '머리 예쁘다' 한번 이야기하는 게 낫지 않을까? 이런 걸 한번 의심을 품고 친구들하고 고민해봐도 좋을 것 같아요.

나와 다른 타인을 만나보려는 '용기'가 세상을 바꾼다 •••

청소년 : 아까 선생님 따님이 논리적인 기반 없이 대책 없이 싸웠다는 이야기를 하셨잖아요. 저도 얼마 전 제주 강정마을에서 그런 일을 겪었어요. 아무 생각 없이 그곳 상황을 잘 모르는 채로 강정에 갔다가 경찰과 대치하는 마을분들 무리에 휩쓸려 싸우게 됐어요. 그분들은 생각을 가지고 싸우신 건데 저는 휩쓸린 거잖아요. 그런데도 마을 주민분이랑 활동가분들은 저보고 '장하다, 장하다' 해주셨어요. 왜냐하면 어떻게 일이 꼬여서 제가 유치장에도 갔었거든요. 지는 미성년자여서 유치장에서 쉽게 나올 수도 있었는데, 지금 생각해보면 어린 마음에 치기로 일부러 묵비권 행사를 했어요. 어쨌든 그분들보다 하루 일찍 나왔는데, 저는 정의의 투쟁으로, 어떤 생각이 있어서 행동을 한 게 아니라 아무것도 모르는 채로 상황이 닥쳐서 싸웠던 거라 지금까지도 너무 죄책감이 들고 그분들한테도 죄송하고 그래요.

강정에 다녀와서 한동안은 트위터를 엄청 열심히 했어요. '나는 꼼수다'도 듣고요. 그런데 시간이 갈수록 트위터도 안 들어가게 되고 변해가는 게 그 섬에서 나와서 보니까 완전히 딴 세상인 거예요.

김두식 : 일단은요, 치기도 무지하게 좋은 경험이에요. 그리고 자기를 한 번 돌아본 것은 더 좋은 경험 한 거고요.

우리 사회가 여러 의미로 양극화되어가고 있어요. 새누리당과 민주당 지지자들은 전혀 생각이 다른 것 같고, 만나면 싸우기 바쁩니다. 간혹 너무 이해가 안 가는 이야기를 내뱉는 정치인들도 있는데 왜 그럴까 생각해보면 이런 말을 할 수 있을 것 같아요. 인생에서 제일 중요한 건 누구를 만나느냐, 누구하고 시간을 보내느냐이다. 우리 사회가 극단적인 진보, 보수의 대립이 있다 보니 늘 같은 생각을 가진 사람들끼리 만나서 자신들만의 논리를 계속 강화하는 문화거든요. 나와 입장이 다른 사람들과 만나지 않아요.

그런 점에서 친구가 강정에서 싸우고 있는 분들과 시간을 보낸 것은 정말이지 소중한 경험을 한 거예요. 저 역시 요즘 비슷한 반성을 많이 해요. 저도 매일 만나는 사람들이 교수 아니면 변호사들이지 실제 길거리에서, 현장에서 사람들과 보내는 시간은 거의 없습니다. 요새 덕수궁 대한문 앞에서 쌍용차 해고노동자들이 천막 농성*을 하고 있는데, 저희 집이 그 근처이기 때문에 매일 산책을 다니면서도 늘 지나치기만 할 뿐 농성장 안에 들어가서 앉게 되지는 않더라고요. 그러다 지난주 일요일에 거기 계신 분들한테 밥을 한번 샀어요. 밥을 사고 집에 와서 샤워를 하는데 무슨 생각을 들었냐 하면, 친구가 한 생각과 똑같아요. 내가 뭐 하는 짓인가, 쌍용차 농성 하시는 분들한테 밥 한 끼 사고 인사받고, 그다음 10분 거리에 있는 좋은 집, 좋은 아파트에 와서 샤워를 쫙 하고 좋은 침대에 들어가서 잠을 자는 나는 뭔가.

★　덕수궁 대한문 앞에 있던 쌍용자동차 해고노동자들의 천막 농성장은 서울 중구청에 의해 설치된 지 1년 만인 2013년 4월 강제 철거되었다.

요새 제 근본적인 한계를 많이 깨닫습니다. 제가 고등학교 졸업하고 바로 법대에 갔고, 법대 졸업하고 바로 고시 붙은 후로는 계속 변호사 정체성을 가지고 살아왔어요. 변호사들의 특징은 표현의 자유 같은 문제가 나오면 엄청 격정적으로 싸워요. 우리가 주로 자유권적 기본권을 중심으로 늘 교육을 받아왔기 때문에 저 같은 경우는 〈PD수첩〉 사건 같은 문제가 터지면 한때 일했던 직장인데도 검찰을 엄청나게 비판해요. 반면 노동 문제 관련한 뭔가가 터지면 잘 몰라요. FTA, 강정 해군기지 또는 비정규직 문제 앞에서는 굉장히 작아지고 자신이 확 없어져요. 누가 옳은지 잘 몰라요. 이게 전형적인 중도의 특징이고 많이 교육받은 중산층의 특징이에요.

고민 끝에 제가 찾은 해답이 이겁니다. 모르는 것을 솔직하게 인정하되 비정규직 같은 어떤 사안에 문제가 있다고 생각하면 내가 답은 모르지만 현장에 가서 천 명 중의 한 명, 백 명의 한 명으로 잠깐이라도 시간을 함께 보내자. 해고노동자들의 농성장이나 시위현장에 가서 가만히 앉아 있기라도 하자. 내가 누구와 시간을 보내는가가 결국은 내가 누구인가를 규정한다는 생각에서입니다.

친구는 강정 마을분들과 같은 공간에서 같은 느낌을 나누었다는 점에서 아주 좋은 경험을 한 거고요. 이제 그곳에 다녀온 다음에 밀려든 왠지 모를 슬픔이나 느낌에 대해서 왜 그런지 답을 찾아가는 과정이 친구에게 아주 좋은 경험, 이야기가 될 것 같습니다.

박성준 : 길담서원지기 박성준입니다. 지금은 청소년 친구들의 시간이고 제가 시간을 뺏으면 안 되는데요, 오늘 나눈 이야기를 듣고 내가 고백이랄까, 이야기를 좀 하도록 허락해줄 수 있으신가요? 실은 어

"우리 사회가 여러 의미로 양극화되어가고 있어요. 새누리당과 민주당 지지자들은 전혀 생각이 다른 것 같고, 만나면 싸우기 바쁩니다. 우리 사회가 극단적인 진보, 보수의 대립이 있다 보니 늘 같은 생각을 가진 사람들끼리 만나서 자신들만의 논리를 강화하는 문화거든요. 나와 입장이 다른 사람들과 만나지 않아요."

제 길담서원에 송경동 시인이 오셨어요. 전국국어교사들의 모임에서 초청한 것이었는데 덕분에 저는 처음으로 송경동 선생님을 뵈었습니다. 어제 송경동 선생님의 말씀을 듣고 제가 많이 반성을 했습니다. 김 선생님이 어떤 사람을 만나느냐가 그 사람이 어떤 사람인가를 결정한다고 말씀하셨는데, 저는 송경동 선생님이 기획한 희망버스를 타보지 못했어요. 강정에도 못 가봤거든요. 이렇게 살기 때문에 결국 만나는 사람들이 우리나라 중산층, 길담서원에 드나들 만한 형편이 되는 사람들, 시간적으로나 경제적으로나 길담서원이라는 공간을 향유할 수 있는 계층의 사람들입니다.

어제 송경동 선생님을 만나 말씀을 들어보니까 내가 그쪽 사람들하고 너무나 다른 거예요. 저도 비슷한 반성을 했는데, 송경동 선생님 있는 곳에 가끔 가야겠구나 그런 생각을 했습니다. 기륭전자부터 시작해서 쌍용 문제까지, 송경동 선생님의 이야기를 들으면서, 이런 사람들이 있는 세상에서 나는 아무것도 모르는 채 살아왔구나 하는 반성을 많이 했어요.

오늘 가을이라는 친구의 이야기를 김 선생님이 마치 따님의 이야기를 들은 것처럼 자신의 전부를 다해서 응대하는 모습을 보면서, 이런 자리가 무척 고맙고 기쁘게 생각되었어요. 분위기에 젖어서 제가 이런 반성을, 솔직한 고백을 하는 겁니다. 시간을 많이 뺏어서 미안합니다. (웃음)

김두식 : 아니요, 선생님 감사합니다. 분위기를 이어서 다음 질문을 한번 들어볼까요?

청소년 : 강연 잘 들었습니다. 길담서원이나 비슷한 곳에 자주 다니면서 좋은 강연을 듣고 생각이 진보적으로 변하는 걸 느끼는데요. 그런 와중에 제가 드는 고민은 누군가에게 들었던 이야기를 내 생각인 것처럼 다른 사람들한테 말할 때가 있다는 거예요. 어떻게 하면 다른 사람의 이야기를 듣고도 그걸 아무런 경험이나 생각 없이 그대로 내세우는 게 아니라 진짜 제 생각을 세울 수 있는지 궁금해요.

김두식 : 좋으면서도 참 어려운 질문이네요. 이건 결국 어떻게 자기 것, 자기 몸의 일부가 되느냐 하는 체화의 문제입니다. 이건 시간이 해결해주는 부분이 있고요. 앞서 말씀드렸던, 누구와 같이 시간을 보내느냐 하는 문제이기도 합니다. 그리고 중요한 게 사랑하는 것입니다. 나이가 들어가면서 결국은 사랑하는 사람이 생겨야 체화가 돼요. 자기가 정말 사랑하는 사람과의 관계에서 억울함도 경험해보고, 소통이 안 되는 것도 겪어보고요. 그런 마음 아픈 슬픔 안에서도 상대방하고 몸과 마음이 하나가 되는 그런 경험들이 쌓이게 되면서 결국에는 자기 것이 되는 시간이 찾아온다고 생각합니다.

국가폭력으로 100만 명, 600만 명의 사람이 죽었다는 이야기도 귀에 전혀 안 들어올 때가 있어요. 그런데 촛불집회 같은 데 한번 나갔다가 경찰관이 방패로 옆에 있는 사람 머리통을 찍는 장면을 보게 되면 그다음에는 말이 필요가 없어요. 그런 경험은 물론 안 하면 좋겠지만, 우리가 사는 세상에서 안 할 수가 없고요. 어떤 문제가 정말 자기 문제로 갑자기 다가오는 순간이 분명 있을 겁니다.

제가 인권 이야기를 떠들게 된 것도 출발점이 고등학교 때 학교에서 두들겨 맞은 경험이었어요. 제가 다닌 고등학교는 단체기합이다 뭐다

해서 체벌을 많이 가했습니다. 토요일 날 학교가 끝나면 12시 45분에 갑자기 "전교생, 5분 안에 운동장에 집합하라"고 방송이 나왔습니다. 이제 감옥에서 풀려나나 보다 하고 책가방 챙기다가 운동장으로 한달음에 달려가서 대가리 박고 '좌로 굴러, 우로 굴러, 오리걸음' 이런 걸 한 시간쯤 했어요. 왜 당하는지도 모른 채 말입니다. 한 시간쯤 지나면 부동자세로 서 있기를 하는데, 파리가 날아와 얼굴에 붙어서 손이라도 움직이면 "거기 1학년 5반 앞에서 다섯 번째 새끼, 나와" 하고 불려 나가서 마구 두드려 맞았습니다. 또 한 시간쯤 구르고 난 다음에 학생주임 선생님이 마이크를 잡고 하는 얘기가 "88 비디오 극장 간 새끼들 나와" 이겁니다. 88 비디오 극장은 음란비디오를 틀어주는 다방이었는데, 잘못한 애들만 처벌하는 게 아니라 전교생을 체벌로 굴리는 그런 학교를 제가 다녔습니다.

이런 공포 속에서 보낸 3년이 그 이후 저의 인격을 형성했던 것 같습니다. 대학에 들어가서도 똑같은 일이 있었어요. 쇠파이프를 든 전경들이 아무 이유 없이 가방 검사를 하던 당시의 경험들이 인권에 대한 저의 생각을 체화시켰는데요. 예전같이 폭력적인 일은 없을 테지만, 잘 찾아보면 지금 학교에서도 굉장히 불합리한 일들이 늘 벌어지고 있을 거예요. 나쁜 일은 안 생겨야 하지만, 어쨌든 불의를 접하고 약자와 자기를 동일시하는 경험이 쌓이면서 체화는 자동적으로 이루어질 거라고 생각합니다.

청소년 : 건방진 소리일 수도 있는데 이번 강의에서 이야깃거리 많이 만들면서 사는 거랑 다양한 사람 많이 만나면서 살라고 하셨잖아

요. 저는 그게 줄곧 저의 인생 가치관이었고 나름대로 제 또래에 비해서는 그렇게 살았다고 생각해요. 그런데 엄마는 저를 의식 있는 명문대생으로 만들려 하시기 때문에, 제 인생 가치관대로 살면 엄마가 원하는 의식 있는 명문대생이 될 수 없을 것 같아요. 근데 되긴 돼야 하잖아요. 그래서 고민이에요. (청중 웃음)

김두식 : 좋은 얘기인데 이건 말씀드리고 싶어요. 요즘은 100세 시대인데 인생 참 길어요. 고등학교 2학년, 3학년이라는 것은 인생 전체에서 정말 일부에 불과해요. 10대, 20대에 뭔가 이루지 않으면 끝장날 것 같지만 전혀 그렇지 않아요. 시간이 많다는 거죠. 이게 참 악용될 소지가 있는 이야기인데, 사람의 머리가 한번 깨일 필요는 있는 것 같아요. 책을 많이 읽고 생각을 많이 하면서, 어떤 한계의 벽을 넘어볼 필요가 있다는 말이에요. 책을 읽어도 자기를 한계에 밀어붙이면서 많이, 공부를 해도 자기를 한계에 밀어붙이면서 열심히 한 번 정도 해보는 건 의미가 있다고 저는 생각합니다. 공부 열심히 하라는 얘기 같아서 이상한데, 이렇게 이야기할 수도 있을 것 같아요.

제가 가르치는 학생들이 이런 질문을 계속해요. "교수님, 제가 고시 공부를 해도 될까요? 시험에 붙을 수 있을까요?" 고시가 어려운 시험이라 볼까 말까 고민하면서 대학 4년을 보내는데 그게 전 너무 안타까워요. 한 해라도 좋으니까 공부를 해보고 내 길이 아니다 싶으면 딴 길 찾아가면 그만입니다. 아주 심플해요. 쉽게 해결할 수 있는 건데, 친구들을 보면 고민하는 시간이 너무 길어요. 저 역시 고등학교·대학교 시절을 돌이켜보면, 고상한 변명거리를 찾기 위해서 너무 많은 시간을 보냈던 것 같아요.

사실 저는 제 딸이 지금 하고 싶은 게 있다면 하게 놔두고 싶어요. 나중에 자기가 하고 싶은 것을 찾는 경우가 종종 있거든요. 여러분 대학 전공 정하는 데 뭘 알고 정하는지 한번 생각해보세요. 아무것도 모르고 정하죠. 그게 전 가장 큰 비극이라고 생각해요. 제 처 이야기를 조금 들려드리면요, 제 처는 자기가 물리를 잘하는 줄 알고 물리교육과에 들어갔다가 장애인들을 대상으로 봉사할 기회를 갖게 되면서 특수교육을 하고 싶다는 생각을 하게 됐대요. 그런데 자기가 다니는 학교에는 특수교육과가 없어서 과감히 때려치웠어요. 학교를 나와서 다시 입시준비를 해서 특수교육과가 있는 학교에 들어갔고요. 남들보다 몇 년 늦었는데 그 후에 제 처가 사는 모습을 보면 아주 행복하게 살아가요. 뒤늦게 자기가 하고 싶은 걸 찾은 사람이 보여주는 무시무시한 에너지를 제가 제 처한테서 봐요. 대학도 남들 4년 다닌 거 3년 동안 줄여서 다녔고요. 직장 진로 선택도 쉽게 했어요. 어쨌든 그런 혁혁한 성과를 낸 게 자기가 왜 이걸 하는지를 깨달았기 때문이라는 거죠. 한두 해 늦는 건 아무 문제 아닙니다. 그럼에도 자기를 속이는 변명거리를 찾는 건 곤란하다는 말씀을 드리고 싶어요.

우리 안의 폭력성과 법의 존재 의미 • • •

청소년 : 사적인 보복이 늘어나는 것에 대한 문제점을 자세히 들려주시면 좋겠어요.

김두식 : 우리가 흔히 사형제도 폐지를 주장하는 사람에게, 네 딸이 그런 일을 당했어도 가해자를 사형시키지 말자고 할 거냐, 이런 이야

기를 많이 해요. 살인, 강간 같은 강력범죄 사안까지 갈 필요도 없어요. 예를 들어 딸이 친구한테 얼굴을 긁혀만 와도 부모는 '그 ×××, 가서 모가지를 비틀어버릴까 보다' 하고 생각해요. 자녀가 선생님한테 무슨 나쁜 얘기만 듣고 와도 똑같은 마음이지요. 사람이라는 게 자기 가족이 나쁜 일을 당하면 다 그래요. 이러한 개인의 감정이 국가 형벌에 그대로 반영되면 그건 국가 형벌이 아니에요. 국가는 가장 자제된 형태의 합리적인 보복을 행할 의무를 집니다. 사람이 사적으로 보복하지 않고 국가가 보복을 하기로 결정을 한 게 형벌이라는 제도이거든요.

이번 질문이 힘이라는 주제에 딱 들어맞는 질문인데요, 국가는 한마디로 이야기하면 폭력집단입니다. 국가를 유지하는 핵심도 폭력입니다. 폭력이 없이는 국가가 유지될 수 없어요. 죄 지은 사람 처벌하고, 세금 안 내는 놈 감옥에 집어넣고 하는 이 모든 것이 사실은 폭력이거든요. 국가는 힘에 의해서 지배합니다. 그렇기 때문에 무시무시한 힘을 가진 국가가 괴물이 되는 걸 막아야 하고, 그걸 막는 게 바로 법입니다. 따라서 국가 형벌이라는 것은 가장 냉정하게, 가장 차분하게 정해진 선을 넘지 않아야 합니다.

어떤 개인에게도 생명을 부여한 적 없는 국가가, 개인의 생명을 뺏을 순 없다는 게 사형폐지의 가장 중요한 이유입니다. 그러나 인간에게는 사적인 보복의 심리가 있기 때문에, 사형폐지 문제로 사회가 시끄러우면 '네 딸이 그런 일을 당했어도 사형제도 없애자고 할 거냐' 이런 식의 반응이 늘 나오는 거예요. 양심적 병역거부 이야기를 해도 마찬가지예요. '북괴군이 쳐들어와서 네 여동생을, 네 애인을 강간하려고 해도 네가 가만히 있겠냐?' 이게 공적인 토론을 개인의 분노 형태로 가지고 오려는 시도인데요, 이건 내 애인이 무슨 일을 당했냐 하는 차원에서 논의될 문제가 전혀 아닙니다. 국가의 폭력과 개인의 사적인 보복은 구별돼야 해요. 원시적인 사적인 보복에서 국가에 의한 형벌권 행사로 옮겨진 것이 우리가 문명이라고 부르는 세계입니다. 이 문명의 세계에서 사적인 보복이라고 하는 원시적인 형태로 다시 돌아가서는 안 되고요, 그게 문명의 존재 이유이기도 합니다.

청소년 : 사적인 폭력행위의 예로는 과거 미국에서 백인들이 흑인에게 가한 린치도 대표적일 텐데요. 백인이 흑인들을 차별하는 이유가 인종 때문인지, 다른 이유가 있는지 알고 싶어요.

김두식 : 인종 때문인데요, 미국 사회에는 인종차별이라는 악마의 시스템이 있는 거예요. 사람들이 쉽게 멈추지 못하는 어마어마한 문제가 인종 문제인 거죠. 많은 흑인이 가난하게 빈민가에서 자기들끼리 싸우면서 살고, 공부할 기회도 적다 보니 흑인에 대한 스테레오 타입이 만들어졌어요. 흑인은 겉으로는 순종하는 척하지만 뒤로는 늘 나쁜 꿈을 꾸고 있다는 식의 고정관념이죠. 특별히 20세기 초반 전 세계에 유행했던 인종학과 우생학은 흑인의 아이큐가 나쁘다고 믿었어요. 교회에서도 이런 이야기를 하는 사람들이 아직 있어요. 노아의 세 아들 셈, 함, 야벳이 있는데, 흑인은 저주받은 함족의 후손이라는 전혀 근거 없는 이야기를 하는 분들이 있거든요. 이런 흑인의 스테레오 타입이 만들어지고 그게 굳어지면서 차별을 정당화하는 근거가 만들어졌습니다. 우리나라의 예를 들면 전라도 사람을 차별하는 문화가 지금까지도 있잖아요. 전라도 출신 사람은 배신을 잘한다는 식의 말도 안 되

는 이야기들 말이에요. 정권 바뀐 후 우리는 정계에서 경상도 사람들의 배신을 지치도록 봤습니다. 경상도 사람은 의리가 넘친다는 얘기도 있죠. 제가 경상도에서 일하지만 그런 거 전혀 없습니다. 허구인 거죠, 허구! 거짓 실화인데, 미국도 그런 지배를 오래 받았습니다. 그런데 많은 흑인이 가진 게 없고 빈곤의 악순환 속에서 지내다 보니 그런 스테레오 타입에 맞는 유형이 될 수밖에 없는 처지에 있었습니다. 이런 것들이 차별을 만들어내는 이유였다고 생각해요.

우리에게도 이런 모습이 있어요. 미국에 사는 한인들이 백인들의 인종차별에 고통받으면서도 '깜둥이' 같은 표현을 제일 많이 쓰고요, 인종차별적인 생각도 강한 편입니다. 반성해야 할 점이지요. 한국 같았으면 인종차별이 미국의 열 배는 더 심했을지 모릅니다. 우리가 단일민족이니 백의민족이니 하는 신화를 이야기하면서 차별을 확대하는 면이 있거든요. 우리를 돌아보면 사실 미국보다 훨씬 더 심한 인종차별적인 요소가 있습니다. 우리에게 있는 차별을 돌아봐야 하고 반성해야 하겠지요. 제 이야기는 여기까지입니다. 아주 즐거웠습니다. 학생들 질문이 제 이야기보다 훨씬 재미있었어요. 오늘 시간 내주셔서 감사합니다.

상상력이
권력을 바꾼다

하승창

1980년, 대학에 들어간 이후 학생운동, 노동운동, 시민운동을 하며 살아왔다. 경실련에서 시민운동을 시작, 함께하는 시민행동을 거쳐 시민사회단체연대회의 운영위원장으로 일했다. 지금은 시민들의 대안적 공간에 관심을 갖고 씽크카페 대표로 일하고 있다. CBS 〈시사자키 오늘과 내일〉을 진행했으며, 『하승창의 NGO 이야기』, 『스타벅스보다 아름다운 북카페』 등의 책을 펴냈다.

하승창입니다. 저는 시민운동가 말고 다른 직업을 가져본 적이 없어요. 2000년대 초반 방송국 시사 프로그램 진행자로 1년 넘게 일한 것 빼고는 줄곧 시민운동 쪽에서 일하며 살아왔습니다. 오늘의 이야기 주제는 '국가권력과 시민의 힘'입니다. 쉽지 않은 주제인데, 먼저 여러분께 질문을 하나 던져보겠습니다. 국가란 무엇인가요?

청소년 : 모임.

청소년 : 기관.

모임과 기관은 조금 비슷하면서 다른 의미가 있죠. 기관은 뭔가 더 규율이 있는 듯한 느낌이 들어요. 또?

청소년 ： 내가 선택해서 태어난 것도 아닌데 세금 내라고 하는 곳.

내가 사는 이 동네가 별로 맘에 안 드는군요. 흔쾌하게 세금 낼 동네
가 아닌가요? 그래요, 국가라고 하는 것에는 지금 말한 속성들이 들어
있어요. 말하자면 '협의의 통치조직' 같은 건데 협소하게 국가를 정의
할 때 이런 식으로 말할 수 있습니다.

오늘날 국가 간에는 영토적 경계가 분명하게 있습니다. 여기서부터
여기까지가 우리나라 땅이라는 지리적 경계를 가지고 있지요. 또한 나
라마다 차이는 있지만 헌법을 가지고 있습니다. 헌법에는 그 나라의
정체성이 어떠하며 어떤 방식으로 나라를 운영할 것인지 따위가 담겨
있습니다. 그리고 헌법에 기초한 여러 법제들이 있죠. 사람들 사이의
관계를 잘 조정하기 위한 법체계, 공동체의 질서와 안전을 확립하기
위해 필요한 법규범이 여기에 속하는데, 강제성이 있어서 국민들이 이
를 지켜야 합니다. 그래서 원하지 않는데도 내가 국가의 사법과나 조
세과 등의 대상이 되는 겁니다.

지금 말한 게 꼭 국가에만 해당하는 특성인가요? 헌법이나 지금과
같은 많은 법체계를 갖지 않았더라도, 역사 이래로 특정한 공동체가
그들끼리 약속한 규율을 가지고 살아간 경우는 많았습니다. 국가라는
개념이 없던 옛날에도 작은 규모로 적은 법체계를 가지고 공동체가 유
지되긴 하였죠.

지금 우리가 국가라고 부르는 것에는 대체로 앞서 언급한 특성들이
있는데, 이것이 과연 영구불변한 것인지, 변하지 않는 것인지 질문해
볼 만합니다. 모임이라고 하면, 인류가 시작된 이래로 특별히 변하지

않았으며 앞으로도 계속될 것이겠지만, 국가라는 것은 인류가 생긴 이래로 지금까지 계속되어온 것이 아닙니다. 국가에 대한 사람들의 생각이 계속해서 변해왔다는 겁니다.

국가를 보는 눈 •••

국가에 대한 논의는 일찍이 고대 그리스 시대에도 있었습니다. 플라톤(기원전 427~기원전 347)이 이상국가의 형태를 도시국가라고 이야기하거든요. 도시국가는 당시 그리스인들이 살았던 작은 규모의 국가형태였습니다. 아무리 훌륭한 미래학자도 자신이 살고 있는 현재의 사회상을 바탕으로 해서 앞으로 사회가 어떻게 발전할 것인지에 대한 전망을 내놓을 수 있습니다. 아직 살아보지 못한 미래에 대한, 완전히 새로운 개념을 만들어내기란 사실 쉬운 일이 아니죠. 플라톤 역시 자기가 사는 도시국가가 가장 이상적인 사회형태라고 생각했습니다. 다시 말해 그가 생각한 좋은 국가란 정치, 경제, 문화, 종교에 대한 공동체의 욕구를 충족시키는 사회였고, 도시국가야말로 그런 것을 조화롭게 만들어줄 최상의 형태라고 보았습니다. 또한 그러한 정치를 주도하는 사람은 철인, 즉 철학자가 되어야 한다고 주장했습니다.

플라톤 이후, 국가론에 관한 이야기는 그다지 발전하지 않다가, 중세에서 근대로 넘어가는 과정에서 우리가 앞서 협의의 통치조직이라 말했던 국가의 형태가 발전하게 됩니다. 세계사 시간에 '왕권신수설' 배웠죠? 그게 뭐예요?

청소년 : 왕권은 신!

네, 한마디로 왕권은 신으로부터 주어진 것으로, 절대적이고 변하지 않는다, 이겁니다. 절대군주, 절대권력이라는 말로도 설명하는데, 대체로 중세 말 근대국가로 이행하기 직전, 봉건시대의 끝자락에 왕권신수설이라고 하는 것이 나옵니다. 그것의 이론적 토대를 만든 사람 중 하나가 『군주론』을 쓴 마키아벨리(1469~1527)입니다. 『군주론』에는 지도자, 왕은 어때야 하는지가 쓰여 있습니다. 책이 나온 게 근대국가가 형성되던 16세기인데, 마키아벨리는 국가라고 하는 것이 안정을 이룩하는 결집된 권력, 그 자체라고 보았습니다. 당시 국가에 대한 사람들의 인식에는 국가와 국민이라는 것 자체가 구별이 안 되어 있었습니다. 학자들의 인식도 마찬가지였어요. 중요한 것은 왕, 국가 그 자체이고, 그것을 잘 이끌어가는 절대적 지도자가 중요하다고 보았죠. 프랑스 절대왕정시기의 태양왕 루이 14세를 대변하는 유명한 말이 있지요? '짐이 곧 국가다'. 왕이 곧 국가인 겁니다.

17~18세기, 루소나 공리주의자 같은 근대계몽사상가가 나오면서 국가와 국민이 사람들의 인식에서 구별되기 시작합니다. 루소는 공동체의 공동선(common good)이 국가의 진정한 목표이며 이상적인 국가는 이를 잘 구현해야 한다고 주장했습니다. 그에 따르면, 국가는 국민의 일반의지를 표현하는 것입니다. 여기서 일반의지란 공동선으로 이해할 수 있겠죠. 비슷한 시기, 벤담과 같은 공리주의자들은 사회 구성원의 다양한 의사를 수렴해서 안정을 도모하는 인위적인 장치(기관)라고 국가를 정의했습니다.

이 시기에 이르러 비로소 사람들이 국가와 국민을 분리해내기 시작했고, 시민사회라는 개념이 탄생하게 됩니다. 국가 안에서 시민사회 영역을 처음 이야기한 사상가가 바로 헤겔(1770~1831)입니다. 그는 '가족과 국가 사이에 있는 영역', '시민법의 규제를 받는 영역'이라고 시민사회를 설명하며, 시민사회를 부르주아 사회라고 불렀습니다. 지금 우리가 말하는 시민을 헤겔이 처음으로 주목한 것인데, 이런 개념이 저절로 나오는 법은 없습니다. 시대가 그렇게 변하기 때문에 현실을 설명하기 위해 철학자들이 개념을 만들어낸 것이죠. 헤겔이 말한 근대적 시민은 프랑스혁명과 미국의 독립전쟁, 미국혁명 등이 일어난 시기와 맞물려 등장하는데, 중세가 무너지고 근대로 이행하는 이와 같은 시기에 소위 부르주아라고 하는 새로운 형태의 사람들이 등장합니다.

중세에서 근대로 이행하는 시기에 어떤 일이 벌어졌나요? 교황과 같은 성직자, 영주나 왕, 농노(중간에 기사도 있었지만)로 이루어졌던 계급적 체계가 무너지면서, 상인계급과 자본가, 그에 대치되는 노동자와 농민으로 이루어진 부르주아 사회, 즉 자본주의 시대가 시작됩니다. 시민이란 개념은 부르주아 개념이 형성되면서 처음 만들어지는데, 중요한 것은 그 무렵 국가와 구별되는 다른 영역과 시민계급이 사회에 등장하기 시작했다는 점입니다.

이후 활동한 칼 마르크스(1818~1883)라는 학자는 시민사회, 부르주아의 모습을 보며 그들이 노동자나 농민을 수탈하고 약탈한다는 점에 주목합니다. 그가 보기에 국가는 지배계급의 수단이었고, 여러 법체계 등을 통해 내가 내기 싫은 세금을 걷어가는 것에 불과했습니다. 진정한 해방은 국가를 없애는 것이라 보았던 마르크스는 시민과 대변되는 계급을 프롤레타리아트로 설정했고, 그들이 스스로 독재하는 프롤레타리아트 독재를 주장했습니다. 이는 공산주의나 사회주의 이론의 원형이 되었죠.

지금까지 말한 것처럼 국가를 보는 눈은 고정불변의 것이 아니라 역사와 시대적 조건에 따라 다르고 조금씩 변하게 마련입니다.

우리가 앞서 오늘날의 국가 간에는 대체로 국경이 뚜렷하다고 이야기했는데요. 국가에 대한 요소로 협의의 통치조직의 성격, 특히 지리적 경계를 강조한 시기는 대체로 '베스트팔렌조약'이 체결된 1648년 이후입니다. 유럽에서 30년전쟁이 끝난 이후 맺어졌던 이 조약으로 여기는 영국 땅, 여기는 독일 땅, 여기는 프랑스 땅, 이런 식으로 국가 간에 영토 개념이 자리 잡게 됩니다. 중세에서 근대로 넘어가면서 국가적인 틀들이 조금씩 분명해지던 이 시기에, 지금 우리가 말하는 국가, 소위 민족국가 개념이 강하게 형성됩니다. 조금씩 차이는 있지만, 오늘날의 국가 개념은 대체로 이때 형성된 인식과 크게 다르지 않습니다.

지금의 국가는 플라톤이나 마키아벨리 시대의 국가와는 달라요. 헤겔이 이야기했던 시민사회라고 하는 새로운 영역이 생겨나면서, 사람들이 국가와 국민 혹은 시민을 분리해서 생각하고요, 국가와 독립된 시민사회 영역이 점점 확대되고 있습니다. 시민사회를 주목한 학자로는 『미국의 민주주의』를 쓴 프랑스의 정치학자이자 정치가, 역사학자인 토크빌(1805~1859)이 있습니다.

미국은 세계 최초로 대통령제를 시작한 나라입니다. 사회나 정치 수업 때 삼권분립이라는 말을 들어보셨을 겁니다. 국가권력을 입법, 행정, 사법으로 나누어 특정 집단이나 인물에게 권력이 남용되지 않도록 하는 제도이죠. 이러한 삼권분립의 이론적 기초를 낸 사람이 『법의 정신』(1748)을 쓴 몽테스키외인데요, 실제로 삼권분립이 현실 정치에서 실현된 것은 미국의 대통령제가 처음입니다. 토크빌은 미국에서 세계 최초로 삼권분립의 원칙을 명시한 대통령제를 만들어낸 힘이 어디에 있을까 상당히 궁금해했습니다. 그는 직접 미국을 돌며 조사한 결과, 미국 안에 자율적인 중간결사체가 많다는 사실을 알게 됩니다. 이후 국가와 독립된, 시민사회 영역에 주목하고 그 중요성을 알리기 시작하지요. 토크빌에 이어 하버마스, 기든스가 자율적이고 독립적인 집단들, 즉 시민사회에 대해 고민을 많이 합니다.

실제로 미국에는 이러한 자율적인 결사체들이 상당히 많습니다. 10여 년 전 통계를 보면, 미국의 시민단체가 114만 개(덴츠총연, 『NPO』, 제진수 옮김, 삼인, 1999)나 됩니다. 우리나라 시민단체 수는 정확한 통계 수치가 없지만 2만 5천~3만 개(시민운동정보센터, 「한국시민단체총람」 2003년도) 정도로 추정됩니다. 일본의 인구가 우리나라의 두 배쯤 되는데, 시민단체는 34만 개(덴츠총연, 『NPO』)가 넘게 있다고 합니다.

미국은 인구가 우리나라의 여섯 배인데 시민단체 수는 비교도 안 될 만큼 많죠. 미국에는 이런 단체들을 돕는 재단만 10만 개 가까이(2005년 현재 7만여 개, 미국 재단센터) 있다고 합니다. 빌 게이츠는 자신의 이름을 딴 재단을 만들어 엄청난 액수를 사회에 기부합니다. 이런 사람들의 영향을 받아 개인재단이나 가족재단이 급속하게 많이 생기기도 했습니다.

청소년 : 시민단체 안에 교회도 들어가나요?

교회하고는 다릅니다. 다만, 미국은 스스로 기독교국가라고 칭하는 만큼이나 종교 기반으로 만들어진 단체의 수가 많습니다. 미국의 100만 개가 넘는 단체의 절반 이상이 교회가 만든 단체입니다. 또 제가 잠시 미국에 머물 때 한 한인교회 목사님이 말하기를, 미국 교회는 헌금이 들어오면 20~30%를 제3세계를 돕는다거나 사회에 공헌하는 용도로 사용하도록 정해놨다고 합니다. 복지재단이나 단체를 만드는 경우도 있고요.

우리나라 교회는 어떤가요? 헌금을 '성전' 짓는 데 씁니다. 제가 일산에 살 때, 저희 집 아파트 옆에 공터가 있었습니다. 어느 날 거기에 다니고 싶을 정도로 예쁜 교회가 들어섰어요. 건물 옆에 빈 공간도 널찍하게 남아 있어서 그곳에 주차도 하고 아이들이 뛰어놀기도 했죠. 그리고 3년이 지났을까, 새것이나 다름없었던 건물을 허물고 5층 높이의 큰 교회 건물이 올라가더라고요. 3년 동안 번 돈으로 건물을 다시 세운 거예요. 사람들 더 많이 오게 하려고 그랬을까요? 새 교회건물이 들어서고 나서 공터가 없어지고, 아이들이 뛰놀 수 있는 공간도 사라졌습니다. 건물 안에 놀이방 같은 게 생겼겠지요.

우리나라는 아직까지 시민사회 영역이 약합니다. 제가 시민운동을 하는데, 제 나이가 되면 결혼하고 아이 낳고, 아이가 자라서 고등학교, 대학교에 들어가면 돈이 많이 필요해요. 부부 단 둘이 살 때는 단칸방이라도 행복해하고 살 수 있지만, 아이가 생기면 그런 공간에 살기가 어렵죠. 시민운동 하는 사람들은 급여가 많지 않아서 대출을 받으러 가는 경우가 왕왕 생깁니다. 대출 신청할 때 본인이 어떤 직업군에 속하는지 적는 항목이 있어요. 통계청에서 분류해놓은 우리나라 사람들의 수십 가지 직업군 중에 시민운동가는 어떤 분류에도 들어 있지 않아요. 그래서 기타를 선택하죠. 직업분류에 없는 사람들인 겁니다. 그러나 우리나라에도 적지 않게 시민운동가, 활동가들이 존재하고 지금도 자기 자리에서 일하고 있어요.

통치의 시대에서 협치의 시대로 :
국가와 시민사회, 그 공존의 정치 •••

헤겔이 시민사회를 말했을 때, 실제로 '시민'이라는 개념은 도시에 사는 사람들이라는 뜻이었습니다. 'citizen'이란 영어단어는 '도시민'을 뜻하는 프랑스어인 'citoyen'에서 유래했는데, '시민'이라는 개념은 자본주의가 형성되면서 근대국가에 도시라는 것이 본격적으로 생겨나면서부터 등장했습니다. 이렇게 형성된 사람들이 시민으로서 자기 정체성과 모습을 드러내기 시작한 중요한 역사적 사건들이 있습니다.

1968년 프랑스에 '68혁명'이 있었습니다. 베트남 반전시위에 참여한 대학생들이 연행된 것에 대해 항의하는 학생들의 점거농성으로 시작된 68혁명은 이후 노동자들의 총파업으로 이어지면서 프랑스 전역을 흔들었습니다. 드골 행정부를 물러나도록 만드는 데는 실패했으나, 당시의 종교나 애국주의 등 보수적인 가치들을 대체하는 평등, 성해방, 공동체주의, 생태주의 등 이후 유럽 사회의 주요한 가치들이 형성되어 나온 전환적 의미가 있는 사건이었죠.

우리나라의 과거 박정희, 전두환 집권 때처럼, 필리핀에서도 독재자 마르코스 대통령이 군림하고 있을 때 민중들이 '인민의 힘'(1986)이라 불리는 저항운동을 벌였습니다. 이러한 역사가 있었기에 오늘날 '아키노'라고 하는 여성 대통령이 나오는 등 필리핀 사회에 변화의 움직임이 있는 거죠.

1987년 한국에는 6월 항쟁이 있었습니다. 저 같은 나이의 사람들은 6월 항쟁 시기에 거리에 있었거나 거리에 없었더라도 그 역사적 경험을 공유한 세대입니다. 1987년이면 제가 대학을 졸업한 해입니다. 1980년 광주항쟁은 제가 대학 입학한 해에 일어났고요. 여러분이 교과서에서 배우는 것이 저에게는 삶이었고, 그러한 사건들이 저의 생각에 아주 큰 영향을 미칠 수밖에 없었습니다. 청소년, 청년기에 겪는 사건이 그 이후의 인생에 많은 영향을 미치잖아요.

제가 온몸으로 경험한, 1987년 6월 항쟁은 이전의 한국 사회와 이후의 한국 사회를 아주 다르게 만든 중요한 사건입니다. 한국 사회에 시민의 힘이 폭발했던 시기이기도 합니다. 1980년대는 세계적으로 유사하게 시민이라는 이름으로 사회적인 저항의 움직임들이 형성되던 시기였습니다. 노이에스 포럼(Neues Forum)이라고 하는 동독의 시민단체가 독일 통일과정을 주도한 일이나, 체코 시민들이 피를 흘리지 않은, 일명 '벨벳혁명'을 벌여 공산정권을 무너뜨리고 민주화를 이끌어낸 일도 1980년대 후반에 있었습니다.

6월 항쟁은 교과서에서 뭐라고 배우나요?

청소년 : 군사정권의 장기집권을 막고 대통령을 국민 손으로 뽑으려고 시민들이 일어난 사건이요.

네, 시민들이 직선제 개헌을 요구했지요. 그게 어떤 의미가 있어서 사람들이 죽어가면서까지 그런 요구를 했을까요? 당시 대통령 직선제를 요구하는 시위가 전국에서 일어났는데 대학생 이한열 씨가 시위 도중 최루탄을 맞고 숨지는 등 많은 이들의 희생이 있었습니다.

당시 국가권력을 가진 사람들은 현재의 시스템을 유지하려고 시민들을 억압했고, 시민들은 무언가 다른 요구를 하지 않으면 내가 사는 공동체가 유지되지 않겠다는 생각에 저항을 한 것이죠. 사람들이 뭔가 바꾸지 않으면 안 된다고 생각했던 겁니다.

정부를 뜻하는 영어단어가 'government'입니다. 통치를 뜻하는 이 단어에서 협치를 뜻하는 단어인 'governance'가 나왔습니다. 왜 통치라는 표현에서 협치라는 표현이 나왔을까요? 통치가 무엇인지 알려면 1970~1980년대 우리나라 국가가 운영된 방식을 생각해보면 됩니다. 반면 협치라는 말에는 서로 협의하고 의논해서 공동체를 만들어간다는 의미가 담겨 있습니다. 그렇다면 그걸 누구와 하겠어요?

청소년 : 시민.

그렇죠. 왜 전에는 안 해도 된다고 생각했던 일이 지금은 중요해졌을까요? 전에는 통치라는 개념으로 국가가 가지고 있는 법이나 제도, 규율 등 국가권력의 힘으로 사람들을 규율하고 통제하는 게 가능한 세상이었지만 지금은 그렇지가 않습니다. 그런 방식으로는 공동체가 유지되지 않아요. 다른 방식으로 공동체를 유지할 수밖에 없는 세상이에요. '협치'라는 말이 나온 것도 이런 배경에서입니다. 그렇다면 무엇 때문에 이렇게 바뀐 것일까요? 아이러니하게도 개별 나라들이 잘 먹고 잘 살자고 이런 방향으로 나라를 키워온 결과라 할 수 있어요. 지금은 세계화·정보화 시대입니다. 세계 무역 질서가 자유로운 시장 질서로 바뀌면서 국가 간의 경계가 흐려지고 있어요. 우루과이라운드나 FTA 등으로 대표되는 체제이죠. 이전에는 경제 영역에서 국가 간의 경계가 뚜렷했어요. 이를 무역에서 찾아볼 수 있는데, 한 나라에서 만든 상품이 다른 나라로 자유롭게 이동하지 못하도록 만든 제도가 뭐지요?

청소년 : 관세.

자기 나라에서 생산한 상품은 다른 나라에 열심히 팔아먹으면서 다른 나라에서 만들어진 것은 자기 나라에서 못 팔리게 하려고 국가들이 뭘 하죠? 수입품에 대한 관세를 높게 매깁니다. 이런 관세장벽이 너무 불공정하고 차별적이라는 이유로 무역장벽을 제거하려는 흐름이 생기게 됩니다. WTO 이전에는 GATT라고 하는 관세와 일반무역에 관한 일반 협정이 있었어요. 한번 생각해보세요, 무역 협정을 맺을 때마다 해당 국가들이 만나 협상하면 어떨까요? 번거롭고 힘들겠지요. 그런 것들을 일률적으로 일반 무역 협정안에 가입하는 국가들은 GATT가 규정한 협정에 따라서 무역을 하겠다고 약속하는 게 GATT 체제입니다. 기본적으로 관세장벽을 없애고 자유무역을 강화하는 게 목적입니다. 우리나라에서도 김영삼 정부 때 세계화 바람이 일면서 지금까지 쭉 계속되는 흐름이지요. 이러한 움직임은 이후 IMF 위기로 돌아왔고 오늘날 이야기하는 소위 '양극화'가 강화되는 경향을 낳았습니다. 돈 버는 사람은 더 많이 벌고 못 버는 사람은 못 벌게 되었고요, 이전에는 해고가 사회문제가 아니었는데 지금은 다르죠.

또 하나 중요한 변화는 세계화·정보화, 이런 흐름들이 국가 차원에서 새로운 문제를 낳았다는 것입니다. 자본가들은 보다 많은 부를 축적하기 위해 관세를 낮추고 국가 간의 경계를 없애는 방향으로 가려고 했는데, 국가 입장에서는 국가 간의 경계가 약해지면 약해질수록 국가 안에 사는 개개인들을 통치하기 힘들어지게 되었습니다. 요새는 이주민을 우리 주변에서 쉽게 봐요. 피부색이 다른 사람들도 우리 사회 구성원으로 많이 살고 있고, 다문화 사회라는 말이 낯설지 않아요. 게다가 정보화 시대라 인터넷에서 외국인 친구들이랑 스타크래프트나 축구 게임을 쉽게 하잖아요. 게임하면서 채팅도 같이 하죠? 어릴 때부터, 교류의 범위라는 게 국가의 경계 안에 갇혀 있지 않습니다.

제가 아는 분이 가족하고 미국에서 1년을 살러 갔는데, 부모가 한국을 벗어난 적이 없어서 영어를 못했어요. 자녀들에게도 특별히 영어를 가르쳐본 적이 없었죠. 미국 땅에 도착해서 밥을 먹어야 하는데 다들 쭈뼛쭈뼛하고 있었대요. 그런데 초등학교 다니는 막내가 혼자 빵집에 가서 빵을 사왔어요. 아이가 '스타크래프트' 게임을 좋아했는데 게임 영어 실력으로 빵을 사온 거예요. 갑자기 가장의 권위가 무너지고 아이를 쫄래쫄래 쫓아다니는 상황이 됐대요. 과장해서 말하면 말이죠.

제가 자라던 때만 해도 국기에 대한 맹세를 하고, "우리는 역사적 사명을 띠고 이 땅에 태어났다. ……"로 시작하는 국민교육헌장을 초등학생 때부터 외우게 하던 시대였거든요. 말 그대로 '통치'의 시대였습니다. 박정희, 전두환 집권 때는 '반상회' 제도를 주민통제의 수단으로 이용할 정도였으니 말입니다. 국가를 대하는 태도 자체가 달라질 수밖에 없었죠.

우리나라가 쓰레기 종량제를 실시하는데 이걸 배우러 다른 나라에서 찾아온대요. 어떻게 니들은 쓰레기 분리수거를 그렇게 기가 막히게 잘하냐면서. 이게 통치가 이루어지던 시기의 막바지에 이루어져서 그래요. 미국은 쓰레기 분리수거가 잘 이루어지지 않아요. 대충, 편하게 버리죠. 우리는 음식물쓰레기도 따로 분리합니다. 1994~1995년 김영삼 정부 때 쓰레기 종량제가 시행되는데 과거서부터 획일적이고 일방적으로 지시하는 것에 국민들이 일사분란하게 따르는 문화가 있었기에 단시간에 정착이 되었습니다. 1990년대 중반까지만 해도 1980년대의 흐름이 남아 있어서 가능한 일이었어요. 지금 시행하면 잘 안 될 거예요. 당시 1990년대는 쓰레기 소각시설이 우리 사회에 제대로 준비가 안 된 상태였어요. 그런데 사람들이 소각장으로 갈 것, 음식물 쓰레기, 재활용 쓰레기 등으로 분리해서 배출하면, 분리된 쓰레기를 환경미화원들이 수거해서 난지도에 한꺼번에 버렸어요. 그러려면 애초에 뭐 하러 쓰레기를 분리해서 배출하나요? 분리수거를 시행할 준비가 안 됐는데도 정부와 시민단체들이 분리수거가 좋다면서 시행하라고 하니까 일거에 사람들이 따른 거예요. 이게 '통치' 시대의 국가와 국민의 모습입니다.

'협치'는 앞서 이야기했듯 개인이나 시장이 국가가 통제하기 어려운 모습으로 움직이기 때문에 그들과 협의하지 않고는 공동체가 통치되지 않는 것을 말합니다. 이게 오늘날에도 잘 이루어지는 건 아닙니다. 정치권력을 쥔 자들이 여전히 일방적으로 통치하려고 하다 보니,

갈등이 끊이지 않습니다. 국가가 운영되는 시스템이 달라져야 하는 시기에, 다른 시스템을 국가가 확보하지 못하면 시민의 저항이 생겨나는 법입니다. 지금은 협치가 필요해요.

세계화·정보화가 일으킨 현상 중 하나가, 앞서 말한 기든스라는 학자가 지적했듯이, 국가가 통제할 수 없는 작고 독립적이고 자율적인 집단이 많이 생겨났다는 겁니다. 그러한 자율적인 집단에 실제로 의사 결정할 수 있는 권한이 많이 주어져야 한다고 기든스는 주장합니다. 그게 민주주의의 확대이고, 그래야만 공동체가 유지될 수 있기 때문이라고 이야기하죠. 그렇지 않고 옛날처럼 국가가 획일적이고 일률적인 방침을 국민들에게 지시한다고 해서 공동체가 통치되지 않는다는 게 많은 이들의 생각입니다. 이는 국가에 대한 사람들의 인식 변화가 계속될 것이라는 의미이기도 합니다.

통치의 시대에 국가가 권위적인 모습을 보였다면, 사실 시민들의 시위도 다소 권위적이고 폭력적인 성격이 강했습니다. 그러나 1987년 6월 항쟁을 계기로 시위도 그 모습을 점차 달리하기 시작했고, 이제는 시위가 평화 시위 문화제로 자리 잡았습니다. 촛불집회가 대표적이죠. 2002년 미군 장갑차에 치여 사망한 여중생 효순이, 미선이의 안타까운 죽음을 추모하기 위해 대규모 촛불집회가 우리 사회에 처음으로 열리게 되었습니다. 전국적으로 엄청난 사람들이 집회에 참여했고, 한미주둔군지위협정이라고 하는 소파(SOFA) 규정이 얼마나 미군에게 유리하게 돼 있는지가 알려져 불평등한 소파를 개정하라는 요구가 커졌습니다. 근본이 고쳐진 것은 아니지만, 규정 일부가 수정되었죠.

2004년에는 노무현 대통령의 탄핵에 반대하는 사람들이 세종로 광화문에서 대규모 집회를 열었습니다. 그때 대형 스크린과 음향 장비를 설치하는 등 집회에 들어가는 비용을 모두 시민들의 모금으로 빚 없이 치러냈다는 점이 아직까지 기억에 납니다. 2008년 광우병 촛불시위도 큰 이슈가 되었죠. 이러한 저항의 모습들이 일상적으로 이루어진다는 것은 아주 드문 일입니다. 쉽지 않은 일이죠. 한국 사회에서만 이러한 움직임이 있는 건 아닙니다. 유럽의 대학생들도 등록금 문제로 거리에 나서고 있고, 미국 뉴욕 월가에서는 소득 불평등과 금융자본의 탐욕에 맞선 아큐파이(occupy) 운동이 불을 집혔습니다.

전 세계적으로 시민들이 거리에 나서는 이슈는 다양합니다. 탄핵 반대를 위해, 광우병 혹은 등록금 문제를 알리기 위해 나온 것일 수 있지만 그런 각각의 문제를 현재의 국가 시스템이 해결하지 못하고 있다는 것만큼은 이슈를 떠나 공통적인 사실입니다. 국가가 운영되는 방식에 다른 변화가 필요하다는 것을 사람들이 보여주고 있는 거예요.

1987년 6월 항쟁이나 여러분이 교과서에서 배우는 시민은 덩어리로 존재합니다. 직선제 개헌이라는 하나의 이슈로 뭉쳐진 개인이 아니라 특정 집단의 이미지가 강합니다. 그런데 점점 개인의 역할이나 위상이 높아지면서, 국가와 시민, 국가와 개인의 구도로 변화의 양상이 발전해가고 있습니다. 이러한 변화의 비밀에는 인터넷이 자리하고 있어요.

정보는 어떻게 권력이 되는가? •••
우리가 딱딱한 역사 이야기를 많이 했는데, 중세에서 근대로 넘어오는

"전 세계적으로 시민들이 거리에 나서는 이유는 다양합니다. 탄핵 반대를 위해, 광우병 혹은 등록금 문제를 알리기 위해 나온 것일 수 있지만 그런 각각의 문제를 현재의 국가 시스템이 해결하지 못하고 있다는 것만큼은 이슈를 떠나 공통적인 사실입니다. 국가가 운영되는 방식에 다른 변화가 필요하다는 것을 사람들이 보여주고 있는 거예요."

데 중요한 기술적 변화들이 있었습니다. 세계사 시간에 배웠겠지만, 산업혁명을 가능케 한 중요한 기술이 바로 증기입니다. 에너지의 변화가 참 중요한 문제인데요, 증기기관의 발전으로 그 이전과는 도저히 비교할 수 없을 만큼 커다란 생산성의 발전을 낳습니다. 또 다른 기술 변화로는 뭐가 있을까요?

청소년 : 도시화.

도시화는 그러한 변화가 낳은 현상 중 하나입니다. 도시에 공장이 들어서면서 사람들이 농사짓는 것을 그만두고 도시로 몰려들어 노동자계급이 생겨나죠. 그러면서 영주와 농노의 관계였던 예전의 사회 모습이 자본가와 노동자의 틀로 바뀌어갑니다. 자본주의 사회가 도래한 겁니다. 그런 것들을 가능케 했던 중요한 기술적 발전의 하나가 증기기관이었고, 또 하나 중요한 것은 인쇄술이었습니다. 물론 자본주의가 발전한 데는 여러 요소가 있어요. 다시 말해 중세에서 근대로 넘어가는 요소로, 증기기관, 기계, 철도 등 여러 요소를 들 수 있지만, 그중의 하나로 인쇄술도 빠뜨릴 수 없습니다.

중세를 특징하는 대표적인 것이 교황, 성직자입니다. 왕보다 더 힘이 셌던 사람이 교황이었어요. '카노사의 굴욕'이 뭐예요? 창피하게 왕이 교황한테 가서 용서해 달라고 무릎을 꿇은 사건이잖아요. 그 성직자의 권위를 뒷받침해주었던 것이 성경입니다. 교황이나 성직자가 "얘가 마녀야" 하고 지목한 사람은 마녀가 되었습니다. 마녀라고 하면 자기 딸이라도 돌을 던지고 화형을 시켰어요. 가톨릭 교회가 면죄부를 팔면서

"이거 사면 천국 가"라고 하면 사람들이 샀습니다. 상식적으로 이해할 수 없는 행위를 그 당시 대중들이 한 건데, 교회에서 그것이 하나님의 말씀이라고, 성경에 그렇게 쓰여 있다고 가르쳤기 때문입니다. 당시의 일반 백성들은 성경을 보지 못했습니다. 성경을 가지고 있는 사람은 주로 성직자들로 소수에 불과했기 때문입니다. 인쇄술이 발달하지 않은 그 시기에는 책을 보려면 필사를 해야 했어요. 다 베꼈어요. 책을 베껴 쓰는 것이 직업인 사람도 있었습니다.

몇 해 전 〈선덕여왕〉이라는 드라마가 인기를 끌었습니다. 거기에 배우 고현정이 '미실' 역으로 나왔죠. 미실은 왕이 아니라 제사를 지내는 여자인데 나라에서 가장 권력이 센 인물입니다. 하는 일은 하늘에 제사를 지내면서 신탁을 전하는 일입니다. 미실이 "하늘에서 지금 씨 뿌리래"라고 하면 사람들은 씨를 뿌렸고, "추수하래"라고 하면 추수를 했어요. 사실 미실의 비밀은 사계절의 변화가 훤히 담긴 책력에 있었습니다. 농사가 가장 기본이 되던 시대였기에 남들이 모르는 사계절의 일기를 알고 있다는 것 자체가 권력이 되었던 겁니다. 그런데 선덕여왕이 첨성대를 세워서 미실의 권위는 하루아침에 날아가버립니다. 그때부터 신라 역사에서 절대왕권이 강화됩니다. 태종 무열왕 때부터 절대왕권이 강화되기 시작하니까요.

마찬가지예요. 사람들이 모르는 정보, 그만 알고 있는 정보를 모두가 알게 되면서 변화가 생겼던 것처럼 인쇄술이라는 것도 그렇습니다. 인쇄술이 발달하면서, 성경이 각 국가의 언어로 출판되기 시작하거든요. 이때부터 유럽에서 국어라고 하는 것, 민족 개념이 발전하기 시작합니다. 자기 나라 언어로 성경이 나오는데 최고의 베스트셀러이지 않겠어요? 성경은 지금도 가장 많이 팔리는 책 중 하나인데, 사람들이 그 걸 읽어보니까 거기에 면죄부, 마녀 같은 이야기는 없습니다. 이때부터 교황이나 성직자의 권위가 땅에 떨어지기 시작합니다. 종교개혁이 생겨날 수밖에 없는 토대가 만들어진 거죠. 캘빈이나 루터가 등장하고, 프로테스탄트(protestant) 운동이 생겨날 수 있는 근거가 만들어진 겁니다. 이것이 성경에 있는 하나님의 말씀이 아니라 우리가 발 딛고 선 현실의 인간이라는 존재에 더 많은 관심을 갖게 했고, 휴머니즘, 근대 계몽사상까지도 생겨나게 하는 발판이 됩니다. 자본주의로 넘어가는 시기에 사람들이 여러 가지 생각들을 만들어내는 데 인쇄술이 중요한 역할을 한 거예요.

미디어와 정치권력의 상관관계 • • •
세계 최초의 금속활자는 어디에서 나왔나요?

청소년 : 우리나라.

그런데 왜 이런 변화는 서양에서 가능했을까요? 그건 그들이 인쇄술을 통해 각 나라 언어로 대중적 출판을 했기 때문입니다. 우리나라 금속활자는 대장경을 만들어 보관했기 때문에 대중적 출판이 불가능했어요.

지금은 인터넷이 인쇄술과 맞먹는 영향을 끼치고 있습니다. 중세에서 근대로 넘어갈 때 인쇄술이 기존의 권력집단, 통치집단이 가지고

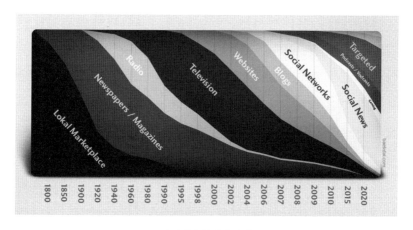

미디어의 역사적 변화

왼쪽에서부터 시장 / 신문·잡지 / 라디오 / 텔레비전 / 웹사이트 / 블로그 / 소셜네트워크 서비스
/ 소셜뉴스 서비스 / 팟캐스트·Vod 캐스트 / 표적 메시지

출처: 디지털인스퍼레이션(http://www.labnol.org) 2009년 5월

있던 권위와 권력을 허물어버린 것처럼 오늘날에는 인터넷이 그런 역할을 하고 있습니다. 미디어란 정보를 주고받는 매체를 일컫는 말인데요, 위의 그림은 미디어의 변화를 보여주는 자료입니다. 인터넷을 우리가 미디어의 측면으로 좁혀 보아도, 실제 권력의 변화와 밀접한 관계가 있다는 것을 알 수 있습니다.

최초의 신문이 생긴 지는 꽤 오래되었지만, 역사적으로 대중에게 신문이 널리 보급된 것은 100년이 조금 넘은 일입니다. 얼마 안 됐죠. 여기서 신문 보는 사람 있나요? 우리나라 신문 구독률이 30%도 안 돼요. 신문이라는 미디어가 생겨나기 전에 사람들은 주로 어떤 방식으로 소통했을까요? 바로 시장입니다.

100년 전, 우리나라에서는 3일장, 5일장, 7일장 대개 홀수 날짜 주기로 장이 섰습니다. 장은 소통의 공간이었습니다. 촌에 있던 사람들이 큰 읍에서 열리는 장에 가서 물물교환을 하면서 다른 동네에서 온 보부상들에게 새로운 소식도 전해 듣습니다. 어느 마을의 양반 마님이 종하고 눈이 맞아서 도망갔다는 식의 연애 소문에서부터, 어느 대감이 상감마마에게 쫓겨났네 하는 정치 비화까지 온갖 이야기가 시장에서 오고 갑니다. 장에 간 사람들이 마을로 돌아오면 장에 가지 못한 사람들 집에 마실을 갔고 이야기가 또 전해졌어요. 그렇게 해서 소통이 이루어졌어요. 시대에 따라 사람들의 소통을 이어주는 미디어가 있는 겁니다.

시장 다음에는 신문이 그 역할을 했는데요, 신문 때문에 권력을 잡은 사람이 러시아 혁명을 성공시킨 레닌입니다. 지금도 존재하는 러시아의 《이스크라》나 《프라우다》라고 하는 관영 신문은 그 사람이 창간한 신문이에요. 100년 전 레닌이 일간지를 만든 건데, 지금으로 치면 방송국을 세운 것이나 마찬가지였죠. 그 당시로 보면 굉장히 혁신적인 인물이었던 레닌은 문맹률이 90%일 때 신문을 만들었고, 그것을 무기로 사람들을 끌어 모았어요. 인텔리겐치아(intelligentsia, 지성인)의 중요성을 강조했던 레닌은 신문이라는 미디어를 잘 활용해 권력을 잡은 인물 중 하나입니다.

라디오를 활용한 사람은 바로 히틀러입니다. 히틀러가 연설을 그렇게 잘했다고 하죠. TV 덕분에 대통령이 된 사람도 있습니다. 지금은 대통령 후보들이 TV에 나와 토론하는 것이 새롭지 않지만, 이게 생긴 지는 얼마 안 됐어요. 세계 최초로 대통령 선거에 TV 토론회를 도입한 건

1960년 미국의 대통령 후보였던 닉슨과 케네디의 TV 토론이었습니다. 그때 TV라는 매체가 대중에게 막 보급되고 활성화되어가던 시기였거든요. 당시 공화당 후보였던 닉슨은 부대통령을 지낸 인물이었고, 민주당 후보로 나선 케네디는 무명에 가까운 젊은 상원의원이었습니다. 라디오 토론회에서는 닉슨의 지지율이 높았습니다만 TV 토론 후에 상황이 역전되기 시작합니다. TV라는 매체는 패션, 외모, 제스처같이 이미지가 중요하게 작용해요. 케네디가 잘생겼잖아요. 닉슨은 초췌하게 TV에 나오는데 잘생긴 외모에 깔끔한 차림을 한 케네디가 연설도 단문으로 분명한 뜻으로 하니까 단번에 지지율이 오릅니다. 결국 대통령으로 뽑혔어요.

인터넷 매체의 도움을 받은 정치인으로는 노무현이 있습니다. 세계 최초의 인터넷 대통령이지요. 요새 우리가 잘 쓰는 여러 가지 소셜미디어 덕분에 대통령이 된 사람은 버락 오바마입니다. 미국에서 흑인이 대통령이 된다는 것은 상상하기 힘든 일이었는데, 오바마가 첫 미국 흑인 대통령으로 선출되었습니다.

2008년, 민주당 대선후보를 선출하는 예비선거에서 오바마와 힐러리가 맞붙었을 때, 다들 힐러리가 민주당의 대권주자가 될 거라고 예상했습니다. 그런데 오바마가 예비선거에서 승리를 거둡니다. 미국의 선거제도는 독특해서 정치자금을 누가 많이 모으는가 하는 것이 선거의 승패를 가르다시피 하는 중요한 요소입니다. 왜냐하면 나라가 엄청나게 크기 때문에 우리나라처럼 선거활동에 들어가는 비용을 정부에서 대주지 않아요. 홍보물 광고를 후보가 자기 돈으로 해야 하죠. 땅덩어리가 넓기 때문에 일일이 각 지역을 돌면서 유세 활동을 벌이기는 힘들고, TV나 신문 광고가 아주 중요한 홍보수단이에요. 그런데 TV·신문 광고에 막대한 비용이 들어갈 거 아니에요? 그러니 돈을 많이 모은 후보가 선거에서 유리할 수밖에 없어요. 그렇지 못한 후보는 포기하게 되어 있는 구조이고요.

2008년 민주당 대선후보전에서, 힐러리는 월가의 금융자본가들 대상으로 선거자금을 모금하려고 계속 모금 만찬을 열어요. 초기에는 힐러리가 자금력에서 우세했죠. 오바마는 인지도가 없어서 그런 만찬을 열어주는 호스트가 없었어요. 대신 그는 페이스북, 트위터 등 소셜네트워크서비스(SNS)를 활용했습니다. 지지자들이 생기면서 결국에는 월가에서 모금을 한 힐러리보다 더 많은 선거자금을 모았습니다. 오바마에게 모금한 사람들이 나중에 그에게 표를 던지겠죠? 결국 오바마가 대통령으로 당선되었고, 힐러리는 오바마 정부에서 국무장관을 지냈죠.

이러한 미디어의 변화를 권력의 변화와도 연결지어 볼 수 있는 것처럼, 시대조건이 국가의 모습을 바꾸는 데도 일정한 영향을 미칩니다. 시대적·역사적 조건이 어떠냐에 따라 국가의 상이 조금씩 달라져가는 것입니다. 인터넷 시대의 사람들은 개인과 개인을 이어주는 네트워크라는 방식으로 존재할 가능성이 크기 때문에 그러한 시대조건에 맞는 통치시스템, 국가시스템이 필요하겠죠.

1인 미디어의 힘 •••

2008년에 인터넷 논객 '미네르바'가 세계적 투자회사 '리먼 브러더스'

의 파산, 서브 프라임 모기지 사태를 정확하게 예측해 사람들의 주목을 받았습니다. 처음에는 이 사람을 두고 별별 이야기가 많았습니다. 예일 대학에서 경제학 박사학위를 받은 사람이다, 경제기획원에서 고위 관료로 오래 근무하고 지금은 은퇴한 사람이다, 증권가 사람이다 등등, 온갖 소문이 떠돌았는데 실제로는 지방대학 국문과 출신의 30대 남성이었어요. 2008년 당시 재경경제부의 고위관료가 한 예측은 틀렸는데, 미네르바의 예측은 정확히 들어맞았거든요. 어떻게 미네르바는 경제 관료보다 뛰어난 경제전망을 내놓을 수 있었을까요? 그가 한 이야기에 따르면, 인터넷에서 얻은 정보를 가지고 예측했다고 하지요.

인쇄술을 통해서 성경에 관한 정보를 얻은 사람들이 교황에 대한 절대적인 믿음을 버렸던 것처럼, '미네르바 사건'을 통해 뛰어난 경제전망을 내놓을 수 있는 사람이면 전문가일 것이라는 사람들의 생각이 무너졌습니다. 그동안 이런 전문가를 길러내는 교육 시스템은 국가의 교육 시스템이었습니다. 그런데 지금은 국가의 교육 시스템으로 훈련되지 않는 사람들이 사회 공동체에 크고 작은 기여를 할 수 있습니다.

《시사IN》의 고재열 기자는 파워 트위터리안입니다. 수십 만의 팔로워를 이끌고 있고, '독설닷컴'이라는 블로그를 운영하는 분이에요. 고재열이라는 개인이 시민사회에 끼치고 있는 영향이 작지 않아요. 고기자는 트위터에서 자기를 팔로우하는 사람들과 '기적의 책꽂이 운동'이라는 시민운동도 벌이고 있습니다. 앞에서 우리가 신문, 라디오, 방송 등의 미디어를 이야기했지만, 오늘날에는 개인 미디어, 1인 미디어가 가능한 시대입니다.

드라마 〈이산〉, 〈대장금〉 등에 출연한 배우 김여진 씨도 유명한 트위터리안입니다. 그는 소셜네트워크 서비스를 활용해 홍익대 비정규직 청소노동자, 반값 등록금, 한진중공업 사태 등의 사회문제를 알리는 데 많은 기여를 했습니다. 한진중공업의 해고노동자 김진숙 지도위원이 크레인 위에 올라가 있었을 때 100일이 지나도록 사회 공론화가 되지 않았습니다. 그런데 김여진 씨가 고공시위하는 현장에 혼자 가서 손으로 '브이'를 하고 찍은 사진을 트위터에 올렸습니다. 그때부터 사람들이 하나 둘 그곳에 찾아가기 시작했어요. 심각한 시위현장에 전혀 다른 분위기가 샘솟기 시작했고, 사람들이 시위현장에 찾아가는 '희망버스'라는 프로그램이 생겨났습니다.

이때 송경동 시인은 시위현장에 함께하며 써내려간 글을 인터넷 매체에 실었고, 그의 글은 사람들로 하여금 잃어버린 '연대'의 가치를 되돌아보게 했습니다. 김여진 씨의 발랄하고 건강한 면은 젊은 사람들을 정치적 의제로 끌어내는 데 많은 역할을 했죠. 송경동과 김여진, 서로 다른 면이 어우러져 희망버스가 생겨났고 결국 김진숙 위원이 크레인 아래로 내려올 수 있었습니다. 한 개인이 사회에 미칠 수 있는 영향이 참 크다는 거죠. 마치 인쇄술이 중세에서 근대로 넘어갈 때 국가의 모습을 바꾸는 결정적인 기여를 한 것처럼, 지금 인터넷의 변화가 그런 정도의 위상에 있다고 저는 보고 있습니다.

이런 식으로 사회적 의제가 설정되는 방식을 보면, 예전에는 정당이나 전통적인 미디어나 연구소, 시민단체 중심으로 움직였다면, 지금은 개인이나 소셜미디어를 매개로 하는 네트워크가 중요한 역할을 하고 있습니다. 그 중심에는 SNS라고 하는 새로운 미디어 환경이 있습니다. 기술적 도구의 확산이 대중의 사고와 행동의 변화를 만들어내고 궁극적으로 사회시스템을 변화시키고 있습니다. 결국 미디어의 변화가 권력의 구성방식이나 구조를 바꾸는 데 기여하는 것입니다.

다른 세상은 가능하다 •••

국가를 구성하는 요소가 행정, 입법, 사법이라고 했는데, 국가를 꼭 이렇게만 구성하라는 법이 있나요? 없죠. 삼권분립이 생긴 게 200년 조금 넘은 일입니다. 변화가 계속 일어나서 현재의 국가 모습만으로는 유지가 어렵다면, 국가를 구성하는 방식이나 구조도 우리가 변화시킬 수 있습니다. 대통령제를 토머스 제퍼슨이 입안해냈던 것처럼 누군가가 새로운 체제를 만들어내겠죠.

정당의 역할에 대한 사람들의 불신과 괴리감은 우리 사회에만 있는 것이 아닙니다. 미국에도, 유럽에도 있는 현상이에요. '해적당'이라는 당이 있습니다. 해적당은 2006년에 스웨덴에서 처음 생겨난 이후 유럽과 아메리카 대륙 등 여러 나라에서 설립되고 있습니다.

여러분 중에 무료 다운로드를 받아서 저작권법 위반으로 걸려본 친구가 혹시 있나요? 우리 집 딸아이도 한번 걸려서 저작권자가 타협하자고 연락한 적이 있습니다. 이러한 저작권 관련하여, 정보를 독점하지 말라는 취지에서 스웨덴에서 정보공유를 목표로 당을 만든 게 해적당의 시초입니다. 1년은 반짝했는데 그다음에는 잘 안 됐어요. 왜냐하면 스웨덴 해적당은 정보공유라는 이슈 하나만 가지고 움직였거든요. 독일에서는 2011년에 해적당이 베를린 주정부 의회의석 총 149석 중 15석을 확보했습니다. 제3정당인 녹색당 다음으로 표를 많이 얻었어

"예전에는 국가와의 관계에서 개인은 몰개인의 모습으로 존재했습니다. 집단의 이익에 우선해서 나 개인의 이해를 죽이고 공모해주는 게 중요했습니다. 지금은 개인이 중요한 사회적 역할을 할 수 있는 시대입니다. 우리 집단 '전체'가 아니라 '나'라고 하는 자아가 이전보다 훨씬 중요한 의미를 지닌 시대로 온 거예요. 결국 좋은 시민이 좋은 공동체를 만들 가능성이 커졌습니다."

요. 독일 해적당은 지적재산권, 특허법 같은 이슈만 다루는 게 아니라 가족정책, 환경, 복지, 교육 등 여러 가지 이슈를 함께 다룹니다. 또 당내의 의견형성과 의사결정에 당원들이 참여할 수 있도록 소프트웨어이자 온라인 토론 시스템인 리퀴드 피드백(liquid feedback)을 사용하고 있다는 게 특별한 점입니다. 기존 정당조직의 일반적 형태와는 다른 다양한 형태의 당조직을 자율적으로 구성할 수 있게 한다는 점도 특징이죠. 당원도 기존 정당에 비해 젊은 사람들로 구성된 데다 아무래도 인터넷에 익숙한 사람들이라는 점에서 이전과는 확연히 다른 정당의 모습을 띠고 있습니다. 여기서 어쩌면 앞으로의 정당이 어떻게 달라질 수 있는지 엿볼 수 있을지도 몰라요.

플라톤, 루소, 마키아벨리가 말했던 국가의 모습은 지금과 달랐습니다. 이처럼 우리가 가지고 있는 국가에 대한 생각은 또 바뀔 것입니다. 국가의 위상과 역할에 대한 인식은 고정적이지 않고 변하게 마련입니다. 물론 그렇게 변하기까지는 상대적으로 긴 시간이 걸리겠지만요. 이 말은 곧 공동체 자체를 유지하기 위해서는 통치의 형태라는 것이 변하지 않으면 안 된다는 거예요. 국가를 책임지는 정부가 공동체의 공공성에 반하는 행동을 할 때 시민들은 저항하게 되어 있습니다.

다행히 우리는 약속된 5년이라는 시기마다 대표자를 바꿀 수 있는 가능성이 있습니다. 옛날에는 그런 가능성이 없어서 사람들이 돌도 들고 총도 들고 나섰겠지만, 지금은 일정한 기간이 지나면 바꿀 수 있어요.

2008년, 촛불시위가 한창일 때 저는 시민사회단체연대의 운영위원장으로 있었습니다. 시민사회단체연대라 함은 전국의 시민단체들의 연대기구입니다. 그러니 시민단체가 정부로부터 받는 여러 가지 어려움을 얼마나 많이 들었겠어요. 그러던 판에 촛불시위까지 생겨서 만날 회의하고, 집회 조직하고, 이런 일만 하다 1년이란 시간을 다 보냈습니다. 개인적으로 저는 1980년대부터 그렇게 산 건데, 이제 그만해도 되는 줄 알았습니다. 다른 방법으로 운동하게 될 줄 알았는데 역사의 수레바퀴는 거꾸로 돌아가기도 하더군요. 역사는 나선형으로 발전한다는 말이 있습니다. 앞으로 나아가기는 하나, 그 과정에서 때로는 뒤로 갔다가 앞으로 가기도 하는 과정이 있을 수 있다는 겁니다.

다행인 것은, 과거보다 시민 개개인이 사회적으로 의미 있는 역할을 할 수 있는 시대에 우리가 살고 있다는 겁니다. 예전에는 국가와의 관계에서 개인은 몰개인의 모습으로 존재했습니다. 집단의 이익에 우선해서 나 개인의 이해를 죽이고 공모해주는 게 중요했습니다. 앞에서 예를 들었던 것처럼, 지금은 개인이 중요한 사회적 역할을 할 수 있는 시대입니다. 그런 개인들이 어떻게 잘 네트워크하느냐가 더 중요한 시대인 거죠. 개인과 집단, 단체, 그 비중과 역할은 차이가 있을 수 있어도 어떻게 서로가 잘 네트워크하느냐에 따라 전혀 다른 시너지를 낼 수 있습니다. 앞으로 사회시스템이나 국가의 구성방식 혹은 구조도 사람들이 그런 모습으로 역할을 할 수 있도록 바뀌어야 합니다.

지금의 의회나 정당을 사람들이 외면하는 것은 우리나라뿐 아니라 유럽에서도 미국에서도 있는 현상입니다. 미국 공화당 안에서 티파티 (tea party)라고 하는 시민단체의 세력이 세졌습니다. 티파티는 보수성향 유권자단체인데 공화당에 티파티 지지 인사들이 많이 포진해 있습니다. 아직은 활동이 미미하지만, 커피파티(coffee party) 운동이라는 진보적 움직임도 미국 사회에 있다고 합니다. 이렇게 기존 정당에 대한 불신에서 생겨난 시민정치세력의 예에서 보듯이, 국가를 구성하는 여러 구조가 변화의 와중에 있으며, 이러한 변화의 과정에서 개인의 역할이 과거보다 훨씬 중요해졌습니다.

결국 좋은 시민이 좋은 공동체를 만들 가능성이 커졌습니다. 우리 집단 '전체'가 뭔가 해야 되는 것이 아니라, '나'라고 하는 자아가 이전보다 훨씬 중요한 의미를 지닌 시대로 온 거예요. 내가 좋은 시민이 돼야 좋은 공동체가 생길 수 있어요. 그럼 좋은 시민이란 뭘까요?

청소년 : 투표 잘 하는 것.

투표, 정말 중요하죠.

청소년 : 세금 잘 내는 것.

때로는 세금도 잘 안 내는 게 좋은 시민일 수도 있어요.

청소년 : 상상력이요, 지금보다 나은 세상을 상상할 줄 알아야 해요.

프랑스 68혁명 때 "상상력이 권력을 인수한다"라는 슬로건이 있었습니다. 당시 프랑스 문화예술인들이 만든 결의안의 제목이기도 하죠. 앞에서 예로 들었던 것처럼, 미국에서 대통령제가 최초로 생길 때, 얼마나 많은 창의적인 발상이 있었겠어요? 없던 것을 만드는 것이니까요. 상상력이 결국 변화를 만들고 권력을 바꾸는 것입니다. 여러분이

하는 여러 가지 상상들이 어떻게 모아지는가에 따라 세상이 변할 수 있는 거죠. 좋은 시민이 뭘까? 몇 가지 이야기가 나왔지만, 각자의 답을 스스로 찾아보면 좋겠습니다. 이제 질문이나 의견을 나눠봅시다.

청소년 : 아까 역사적으로 미디어가 바뀌어온 과정을 그림으로 보여주셨는데요, 갈수록 미디어의 변화 속도가 빨라지는 것 같습니다.

하승창 : 네, 새로운 미디어가 생겨나는 간격이 빠르게 좁혀지고 있어요. 요새는 소셜네트워크 서비스 중에서도 트위터나 페이스북보다 오히려 팟캐스트가 주목받고 있어요. 저는 이게 융합될 거라고 보거든요. 팟캐스트와 다른 뭔가가 융합되어 새로운 버전이 나오지 않을까 싶습니다. 방송사들이 파업하면서 만든 '리셋 KBS 뉴스'나 '제대로 뉴스데스크'가 보여주는 바도 있다고 생각해요. 음성 녹음 방식의 팟캐스트가 아니라 영상으로 제작된다면 또 다른 미디어의 가능성이 있다고 봅니다.

청소년 : 선생님은 시민운동에 특별히 거는 기대가 있으신가요? 왜 그 길을 택하셨어요?

하승창 : 그게 저하고 요즘 세대의 생각은 많이 다릅니다. 아까 이야기했듯이 저는 국민교육헌장 세대입니다. "역사적 사명을 띠고 이 땅에 태어"나서 뭔가 소명의식이나 사명감 같은 것으로 대학에서 학생운동을 시작했습니다. 독재정권에 대항해서 소위 명문대를 다니는 자들이 최소한의 사회적 책임, 역사적 소명을 가져야 한다는 생각이 강했어요. 시민운동도 그렇게 역사적 사명감 같은 것으로 시작해서 오늘

에까지 이어져왔죠.

1990년대에 제가 경실련이라는 시민단체에서 정책실장으로 일하고 있을 때, 정책실 간사로 들어온 후배는 달랐습니다. 그 친구는 그냥 좋아서 들어왔대요. 그리고 6시가 되면 퇴근을 하더라고요. 영화 보러 간대요. 아니, 나라를 구해야 되는데 어떻게 6시에 퇴근을 할 수 있지? 당시 시민운동 하는 선배들 생각은 이랬습니다. (청중 웃음) 지금은 그런 시대가 아니에요. 저도 이제는 제가 즐겁지 않으면 안 하는 게 좋다고 생각하며 이 일을 해요. 지금은 즐거워서 하고 있어요.

청소년 : 강의 중에 중세시대 있었던 면죄부나 마녀사냥에 대해서 설명하셨잖아요. 현대인의 시각으로 보면, 이해할 수 없고 구시대적인 일이라고 하셨는데 꼭 그렇지만도 않은 것 같아요. 면죄부는 오늘날 로또랑 비슷하고, 마녀사냥도 수많은 네티즌들이 'ㅇㅇ녀', 'ㅇㅇ녀'를 만들어서 하고 있잖아요.

하승창 : 네, 재미있는 지적이에요. 지금도 그런 현상이 있어요. ㅇㅇ녀, ㅇㅇ녀도 마녀사냥처럼 일정한 희생양을 만들어내는 건데, 계속 변형된 형태로 모든 시대에 걸쳐 나타나는 것이 사실입니다. 그게 우리의 편견이나 잘못된 생각일 가능성이 큰데, 편견을 진실이라고 믿는 경우가 많습니다. 그건 반드시 경계할 줄 알아야겠죠.

청소년 : 시대가 변하면서 국가의 형태도 전혀 다르게 바뀔 수 있다고 하셨는데요, 현재와 같은 삼권분립, 정당제도, 대통령제 아닌 것을 우리가 가질 수 있다는 말씀까지 하셨습니다. 혹시 선생님께서 상상하

는 미래 사회의 새로운 국가 형태가 있으신가요?

하승창 : 지금과 같은 국가의 간섭 없이 살면 참 좋기는 하겠는데요, 현실은 그렇지 않을 거라서……. 입법, 사법, 행정과 그것을 구성하는 방식으로서의 현재의 대의제나 정당의 모습은 변화가 있을 수 있다는 게 제 생각입니다. 정당도 지금과 같은 모습은 아닐 것 같습니다.

아까 소개한 독일의 해적당은 그들을 '리퀴드 데모크라시(liquid democracy)'라는 표현을 빌려 설명합니다. 흐르는 민주주의라는 뜻으로 특히 의사결정 과정이 달라요. 말씀드렸듯이 당내 의사형성과 의사결정 과정에 누구라도 참여할 수 있도록 웹 소프트웨어인 리퀴드피드백을 개발해 사용하고 있죠. 시민과 개인이 중요한 역할을 하기 때문에, 지금의 대의제, 행정시스템만으로는 힘든 것 같습니다. 이런 요구가 반영될 수 있는 구조로 국가가 구성되면서 뭔가 다른 변화가 생겨나지 않을까요? 그래서 앞으로 헌법은 고쳐지지 않으면 안 될 거예요.

희망이 있는 사람은
아름답다

: 겨울 꽃을 기다리는 마음으로

박성준

대학에서 경제학을 공부했다. 감옥에서 신학 공부를 시작하여 일본과 미국에서 신학과 평화학을 연구했다. 성공회대학교 NGO대학원에서 평화학을 강의하면서 '아름다운가게' 공동대표와 '비폭력평화물결' 대표로도 일했다. 지금은 길담서원 대표이다.

안녕하세요? 길담서원에서 '서원지기소년'으로 불리는 박성준입니다. '힘'이라는 한 글자를 가지고 우리가 몇 주 동안 강의를 하고 있습니다. 이번 시간에는 커다란 힘 말고 작지만 따뜻한 힘에 대해 이야기해보고 싶어요. 어떤 힘이 작고 따뜻한 힘일까요? 음, 우선 눈에 띄는 것을 실마리로 삼아 이야기를 풀어보기로 하지요. 여러분이 이 길담서원 공간에 들어섰을 때 무엇이 먼저 눈에 들어오던가요?

청소년 : 책, 커피머신, 그림……

그렇군요. 다 맞아요. 그런데, 저기 저 구석에 까만 물건이 있죠? 네, 피아노입니다. 저 피아노는 어느 일본 여성이 가지고 있던 피아노입니다. 'YAMAHA'인데 어느 중고품 악기 상인의 손을 거쳐 내게로 건너왔어요. 길담서원에서는 저 피아노를 '까망미인'이란 애칭으로 부른답니다. '밥'을 주제로 한 책에서도 나의 어린 시절 이야기를 조금 했습니다만, 나는 초등학교를 졸업한 후에 중학교에 진학을 못 하고 어느 여자 중고등학교에서 청소하고 심부름하는 아이('급사'라고 불렀어요)로 일했어요. 그 학교 음악실에 저것과 똑같이 생긴 검정 피아노가 한 대 있었어요. 매일 새벽이면 대여섯 명의 여학생들이 30분씩 차례대로 피아노 연습을 했어요. 나는 음악실 옆방인 숙직실에서 기거(起居)하고 있었는데 그날 첫 번째 순번이 된 학생은 정해진 시각 6시보다 30분 일찍 와서 숙직실 방문을 노크하며 "성준아, 문 좀 열어줘~" 했어요. 나는 열쇠로 음악실 문을 열어주고는 벽 하나 사이에 둔 옆방에서 팔베개를 하고 누워서 그들이 연습하는 피아노 소리에 귀 기울였어요. 비록 여학생들이 서투르게 치는 피아노 연습곡이었지만 나에겐 인생에 처음 듣는 클래식 음악이었거든요. 〈코르위붕겐〉, 〈체르니〉 등 피아노 연습곡집에는 얼마나 아름다운 곡이 많은지 저는 그만 그 아름다운 곡들에 푹 빠져들었어요. '엘리제를 위하여'나 '소녀의 기도' 같은 곡의 아름다움에는 경외감마저 느꼈습니다. 매일 새벽마다 같은 곡을 반복해서 듣다보니 거의 외워서 콧노래로 따라 흥얼거릴 수 있을 정도였습니다. 그때 이후로 나는 인생을 살아오면서 음악한테 얼마나 많은 빚을 졌는지 몰라요. 아플 때, 슬플 때, 외로울 때, 삶이 힘들고 고통스러울 때 음악은 내게 커다란 위로와 격려가 되어주었고 살아가는 용기를 북돋아주는 힘의 원천이었어요.

나는 그때 이후로 일생 동안 피아노를 갖고 싶다는 꿈을 갖게 되었는데, 나의 이 꿈은 쉽게 이루어지지 않았습니다. 그러다가 예순이 넘고 일흔을 바라보는 나이가 되었을 무렵에야 드디어 나는 저 피아노를 마련하게 되었고 2008년 길담서원을 열게 되면서 이곳에 가져다놓게 된 것입니다.

저 까망미인, 피아노의 존재는 길담서원의 정체성에 변화를 가져왔습니다. 길담서원은 단지 책방 겸 공부방에 그치지 않고 우수한 연주자들에 의해 음악회가 열리는 공간이 된 것입니다. 피아노의 존재에 이어서 '한뼘미술관'이라는 이름의, '한뼘'이라는 말 그대로 아주 작은 전시공간이 만들어졌습니다. 그리고 피아노와 한뼘미술관이 한데 어우러지면서 인문학 책방 겸 배움의 집이었던 길담서원은 인문-예술-문화의 공간으로 새롭게 태어났습니다.

학교 급사를 하던 가난한 한 소년의 꿈이 긴 세월 고단한 삶의 여정 속에서 쭉정이가 되어 바람에 날아가버리지 않고 한 톨의 옹골찬 씨앗이 되어 인동(忍冬)의 세월을 견디고 살아남았다가 드디어 길담서원을 싹 틔운 것입니다. 아, 꿈은 씨앗입니다. 씨앗 속에는 엄청난 생명과 창조의 힘이 응축되어 있습니다.

오늘 나의 상념은 저 먼 과거로 뒷걸음질 치고 있네요.

기다림의 힘 : 아직 오지 않은 날을 꿈꾼다는 것 •••

청소년 : 실례가 되는 질문일지 모르겠는데요, 감옥은 왜 가신 거예요? 그리고 어떻게 그 긴 세월을 견디신 거예요?

실례가 된다고 한 건 예전의 고통스러운 기억을 다시 상기시킬 것 같아서 한 말이지요? 그런 생각을 해줘서 고맙군요.

'왜?'와 '어떻게?' 두 개의 물음표이군요. '어떻게'부터 답해보죠. 그 질문에 답하려니까 갑자기 생각나는 말이 있어요.

"한꺼번에 길 전체를 생각하면 안 되지요. 한 걸음 한 걸음 쓸어나가다 보면 어느새 그 긴 길을 다 쓸었다는 걸 알게 되지요. 그게 중요한 거예요."

미하엘 엔데의 소설 『모모』에 나오는 말입니다. 이 책 읽은 사람, 기억나나요? 도로청소부 베포 아저씨가 모모에게 한 말이죠. 그 말이 맞아요. 15년을 살 걸 생각했으면 못 살았을 거예요. 한 해 또 한 해 살다 보니까 어느덧 15년을 거지반 다 살았더라고요.

인간은 기다리며 사는 존재예요. 우리는 자신도 모르는 사이에 무언가를 기다리고 있습니다. 이 기다림은 다른 말로 하면 '희망'입니다. 여러분에게 보여주려고 여기 그림책을 하나 가지고 왔어요. 일본 작가 이세 히데코가 글도 쓰고 그림도 그린 『커다란 나무 같은 사람』이라는 그림동화책이에요. 여기에 이런 글귀가 적혀 있어요. "사람은 누구나 마음속에 한 그루의 나무가 있다." 그 한 그루의 나무는 언젠가는 크고 아름다운 나무가 될 것입니다. 꽃이 아주 만발하겠죠. 그리고 그 꽃이 졌을 때 그 자리에 아름답고 탐스러운 열매가 열릴 것입니다.

여러분도 이처럼 '커다란 나무 같은 사람'이 되고 싶죠? 감옥 안의 나도 그랬어요. '언젠가는 바깥세상으로 나가게 될 것이다. 한 그루의 크고 아름다운 나무처럼 되자'라고 생각했어요. 감옥 안에 있든 밖에 있든 인간은 가슴속에 꿈을 간직하고 사는 존재이지요. 가슴속에 꿈이 있을 때, 바꾸어 말하면 희망이 있을 때, 사람은 아름다운 사람, 큰 사람으로 자랄 수 있습니다.

러시아의 문호 도스토예프스키는 '인간은 그 어떠한 극한적인 어려운 환경 속에서도 희망을 잃지 않는 존재다'라는 취지의 말을 했어요. 내가 감옥에서 13년 반을 살아보니까 이 말이 진실이라는 걸 알겠더라고요. 어떤 어려운 조건 속에 내던져져도 인간은 거기에 함몰되지 않고 이 어려움을 극복한 그다음 단계를 항상 생각해요. 현 단계의 어려움을 인내하고 견디면서 그다음을 기대하고 기다리는 것이죠. 이런 기다림의 힘이 있기에 인간은 그 어떤 시련과 악조건 속에서도 살아갈 수 있어요.

스물일곱 살 때였어요. 지금은 '역사자료관'으로 바뀐 옛 서대문 구치소의 변기통 하나만 덩그러니 놓여 있는 한 평 남짓한 작은 공간 안에 나는 처넣어졌어요. 간수가 육중한 문을 군화발로 차서 쾅 하고 감방 문이 닫히는 순간, 그 진동에 변기통 속에 있던 똥파리들이 일제히 날아올라 좁은 방 안을 가득 날아다녔어요. 나는 난생처음 받아 입은 푸른 죄수복을 벗어서 쇠창살 사이로 그 똥파리를 다 쫓아냈어요. 그러고는 창문의 쇠창살에 기어 올라가 힘차게 체조를 했습니다. 그러면서 '나는 결코 의기소침하거나 용기를 잃지 않겠다'라고 굳게 마음속으로 다짐했습니다.

나는 한국전쟁 때 가족을 잃고 초등학교 5학년 때 수업 중에 졸도를 했어요. 영양실조였던 거예요. 선생님들의 도움으로 그 학교에서 심부름하는 아이로 지내며 생활했어요. 중학교엔 못 갔지만, 낮에는 일하고 밤에는 혼자 열심히 공부를 했어요. 그러다 큰길 건너편에 있는 여자 중고등학교 급사로 승진(?)해 가서 한동안 일하다가, 너무나 학교가 다니고 싶어서 결국 고아원에 들어갔어요. 고아원 아이들은 학비가 면제된다는 걸 알게 되었던 거죠. 고아원에서 사는 동안 나는 책을 살 돈이 없었기 때문에 책을 빌려다가 밤새워 공책에 베껴 적었어요. 밤새 전깃불이 켜져 있는 곳은 공중화장실밖에 없어서 거기에 사과궤짝 같은 것을 책상 삼아 가져다놓고 그 위에서 빌린 책을 베껴 적었어요. 공책이 없어서 당시 가장 값싼 누런 종이를 사다가 칼로 잘라서 공책을 만들어 썼어요. 펜도 잉크도 없어서, 다른 아이들이 쓰다버린 뭉툭해진 펜촉을 주워서 염색 물감으로 만든 잉크에 찍어서 썼어요. 그렇게 해서 만들어진 책을 들고 학교까지 십리 길을 걸어 다니며 읽고 외우고 공부했지요. 그래서 내가 책을 베껴 적는 데 선수가 됐어요.

내가 대학에 다니던 1960년대에는 '반공법'이란 게 있었어요. 박정희 군사독재 시절이었지요. 지금은 길담서원에서 다 팔고 있지만, 그 당시는 '불온서적'이라는 금서(禁書) 목록이 있어서 그런 책을 가지고만 있어도 감옥에 가던 시절이었어요. 나는 책을 읽으면 베껴 적으면서 공부하는 습관이 몸에 배여 있었기 때문에 그게 화근이었어요. 선배로부터 빌린 책을 필사하여 만든 노트를 후배들에게 빌려주곤 했는데 나중에 사건에 연루되고 나서 알고 보니 그게 가장 문제였던 거였어요. 또 화근이 된 것은 내가 당시는 읽지도 못했던 일본어로 된 『자본론』이라는 책을 가지고 있었던 겁니다. 전태일 열사가 분신한 평화시장, 을지로 6가·7가. 그곳에 1960년대에는 헌책방이 쫙 늘어서 있었어요. 경제학과 대학생이던 나는 그곳 헌책방에서 일본어로 된 『자본론』 한 질을 샀어요. 일제식민지 시대에 출판된 다섯 권짜리 『자본론』이었죠. 당시 나는 일본말을 읽을 줄도 몰랐는데, '언젠가는 일본어를 배워서 이 책을 꼭 읽어봐야지' 하고 내 자취방 책장에 꽂아놓고 바라보기만 했어요. 그게 압수되었고 내 공책들과 함께 결정적 증거품이 되어 징역 15년형을 선고받았던 겁니다.

청소년 : 감옥 이야기 좀 더 해주세요. 신기해요.

스물일곱 청년이었던 나는 15년 징역을 선고받고 대전에 있는 감옥으로 이송되어 독방에 넣어졌지요. 폭설이 내린 추운 겨울날이었습니다. 한동안 그 방은 빈 채로 있었던지 방에는 차디찬 냉기가 흘렀습니다. 한 줌의 불기운도 그 어떤 난방 장치도 없었습니다. 오직 나의 젊은 체온으로 방을 덥히지 않으면 안 되었습니다. 나는 언제나처럼 창살에 기어올라 격렬한 체조를 해서 냉기를 쫓았습니다. 그런 다음 가만히 창밖을 내다보았습니다. 작은 뜰이 있고 뜰 건너 저편에 높고 거대한 흉물스런 콘크리트 담장이 위협하듯 내 시야를 차단하고 있었습니다. 그런데, 거기, 거대한 콘크리트 담장의 틈서리에 꽃들이 피어 있는 거였어요. 겨울 꽃! 그것은 깡마른 풀잎에 지나지 않았지만, 내게는 아름답기 그지없는 꽃들이었어요.

겨울 꽃의 춤 • • •

차츰 알게 된 사실이지만, 바람에 실려온 흙먼지가 콘크리트 담장 틈서리에 쌓이고 거기에, 이 또한 바람에 실려온 풀씨가 떨어져 봄에 싹을 틔우는 거예요. 콘크리트 담장 여기저기의 틈서리가 아슴아슴 연둣빛을 띠게 되면 죄수들은 겨울이 끝나간다는 걸 알게 되지요. 봄이 완연해지면 풀들은 초록색 봄옷으로 갈아입지요. 여름에는 풀들은 대궁 위에 앙증맞은 꽃을 달고 미풍에 한들거려요. 가을이 되면 수확을 마친 풀들은 씨앗을 발밑의 흙에 떨구기도 하고 바람에 날려 보내기도 하지요. 독방의 외로운 수인(囚人)의 눈에는 이 모든 것이 투명하리만큼 잘 들여다보였답니다.

그중의 압권은 무어니 해도 겨울 꽃이었습니다.

'겨울 꽃'이란 초록색을 완전히 잃고 허옇게 깡마른 풀잎에게 내가 붙여준 이름입니다. 추운 겨울에 피는 꽃, 겨울 꽃이 추는 춤을 보셨나요? 마른 풀잎이 차가운 바람에 이리저리 몸을 꼬며 고개를 뒤로 젖히며 추어대는 춤사위는 판타스틱(!) 그 자체였습니다. 그 간드러진 춤 동작은 얼마나 매혹적이었던지요. 매일매일 그 춤을 보아도 조금도 싫증이 나지 않았어요.

"이번에는 탱고를 춰봐!" 하고 나는 때때로 춤사위를 주문하기까지 했습니다. 그러면 놀라운 일이 일어났어요. 마른 풀들은 레퍼토리를 바꿔 탱고를 추기 시작하는 것이었어요. 믿기지 않으신다고요? 무리가 아니지요. 그러나 꼭 한번 시험해보시기 바랍니다. 바람이 있는 날 풀밭이나 학교운동장에 나 있는 풀잎들에게 온 정신을 쏟아 몰입해보세요. 풀잎들이 춤을 출 때 마음속으로 그 동작을 따라해보세요. 그리

"인간은 기다리며 사는 존재예요. 우리는 자신도 모르는 사이에 무언가를 기다리고 있습니다. 이 기다림은 다른 말로 하면 '희망'입니다. 러시아의 문호 도스토예프스키는 '인간은 그 어떠한 극한적인 어려운 환경 속에서도 희망을 잃지 않는 존재다'라는 취지의 말을 했어요. 어떤 어려운 조건 속에 내던져져도 인간은 거기에 함몰되지 않고 이 어려움을 극복한 그다음 단계를 항상 생각해요."

고 춤이 완연히 무르익었을 때 춤곡을 주문해보세요. …… 여전히 안 믿으시는군요. 그럼, 이 얘기는 이 정도로 해두죠. 아무튼, 봄-여름-가을-겨울, 감옥의 콘크리트 담장 틈서리에 뿌리를 박고 자라는 이름 없는 풀들은 내게 엄청난 용기를 북돋아주고 아름다움을 선사해주었던 나의 '베스트 오브 베스트 프렌즈'였습니다.

나의 친구 : 자연의 음악 •••

나의 감옥살이에는 겨울 꽃 말고도 친구가 하나 더 있었습니다. '음악'이었습니다. 처음 투옥되었을 때는, "음악이 없는 곳에서 어떻게 15년을 살지?" 이것이 나의 제일 큰 걱정이었습니다. 그런데 뒤늦게 알게 된 사실이었지만, 감옥 안에도 음악이 있었습니다!

　여름철, 멀리서 비가 내리기 시작하면 그 소식은 맨 먼저 매캐한 흙먼지 냄새로 내 코에 전달됩니다. 귀를 기울이고 조금 기다리면 빗소리가 가까이 다가옵니다. 그 소리는 점점 커집니다. 그러다 빗줄기가 갑자기 굵고 거세지며 감옥의 낡은 함석지붕을 난폭하게 두들기기 시작합니다. 높은 콘크리트 담장으로 에워싸인 십여 동(棟)이나 되는 옥사들의 지붕은 거대한 북이 되어 울리기 시작합니다. 홈통을 타고 내달리는 물소리, 바람에 덜컹대는 철문들과 쇠창살들의 삐꺽거리는 소리들이 북소리에 합류합니다. 높은 담장이 조성하는 음향효과마저 더해져 감옥은 자연의 음악이 넘쳐흐르는 거대한 야외무대가 됩니다. 이윽고 번개가 하늘을 찢어놓은 다음 순간에 천둥이 굉음을 울려 이 음악을 더욱 극적인 것으로 만들어놓습니다. 아, 얼마나 대단한 음악이었던지요!

선물의 힘 : 마음을 전하는 법 •••

감옥의 독방에서도 이름 없는 풀잎과 자연의 음악을 벗 삼을 수 있었던 것은 참으로 다행한 일이었어요. 『논어(論語)』에 나오는, 감옥 시절에 내가 무척 좋아했던, '德不孤必有隣(덕불고 필유린)'이란 말이 생각납니다. "덕이 있으면 외롭지 않다. 반드시 이웃이 있으니"라고 풀이할수 있어요. (德: 큰 덕, 不: 아닐 불, 孤: 외로울 고, 必: 반드시 필, 有: 있을 유, 隣: 이웃 린) 『논어』 이인편(里仁篇)에 나오는 말씀입니다.

'德不孤'의 '고(孤)' 자는 고립, 외톨이를 뜻하죠. 여러분 가운데 '외톨이' 있어요? 여러분 나이에 친구 없이 외톨이로 지내는 것은 상당히 힘들죠. 친구를 가져야 해요. 좋은 친구를! 친구를 얻는 한 가지 좋은 방법은 내가 먼저 그의 친구가 되어주는 거예요. 내가 혼자여서 외로울때, 주위를 둘러보세요. 그러면 나처럼 외톨이인 사람이 꼭 있을 거예요. 처음에는 가까이 다가가는 게 쉽지 않겠지요. 하지만 그 친구에게 자꾸만 시선을 보내보세요. 누군가가 어떤 이에게 호감을 가지고 그를 주의 깊게 생각하게 되면, 두 사람이 말을 주고받지 않아도, 시선이 부딪치지 않아도, 상대방이 느껴요. 이심전심(以心傳心)이라고 하죠. 사람의 마음과 마음이 통할 때란 이런 거예요.

누군가에게 선물해본 적 있죠? 그때 '내가 선물하면 그 친구한테도 선물을 받을 것이다' 이런 생각하면서 선물을 줬나요? 그렇다면 그건 진짜 선물이 아니죠. 어떤 조건이 붙어 있거나 계산이 따르거나, 목적이 있다면 선물이 아니에요. 아무것도 기대하지 않고 오로지 주고 싶은 마음 하나 때문에 주는 게 진짜 선물이에요. 이런 선물은 외로운 사람을 살려요. 이해타산을 하고 준 선물은 사람을 살릴 수 없어요.

내가 외로워서 친구가 필요할 때, 그 친구에게 보내는 내 마음의 눈길은 그 친구에게 선물이 돼요. 선물은 꼭 돈으로 사서 값이 나갈 필요가 없어요. 내가 보내는 따뜻한 시선이 선물일 수 있습니다. 물론, 내가 관심을 보내고 말을 걸었는데도 상대방이 받아주지 않을 수 있어요. 그럴 때, 거기에서 그치면 안 돼요. 그가 반응하지 않아도 내가 먼저 그의 친구가 되어주는 거, 이것이 중요해요. 한 번 시선을 보내고, 두 번, 세 번, 열 번 계속해서 보내보세요. 또 그이가 갑자기 어려운 일을 겪는다면 격려해주는 거예요. 잘나가는 사람을 격려할 필요는 없죠. 어려운 사람을 격려할 때 그것이 진정한 격려예요. 이럴 때 '이 친구가 나한테 진짜 마음을 보내주고 있구나! 계산적인 것이 아니고 순수한 마음에서 다가오고 있구나!' 하고 상대방도 드디어 마음을 열게 됩니다. 이런 과정을 통해서 친구가 생기는 겁니다.

나는 올해 만 75세가 되었어요. 앞으로 살날이 얼마 남지 않았다고 생각합니다. 그래서 여러분에게 이 기회를 이용하여 꼭 일러주고 싶은 말이 있어요.

"좋은 친구를 사귀라"

는 것입니다. 사람의 인생에서 가장 좋고 가장 귀한 것은 '우정'입니다. 남편과 아내 사이도 그 관계가 가장 아름답게 무르익었을 때는 친구 사이처럼 되는 것이랍니다. 좋은 친구를 얻기 위해 필요하다면 우리는 아무것도 아껴서는 안 됩니다. 친구는 이 세상의 그 어떤 보물보다도 더 값지고 귀한 것이기 때문입니다. 기억해둡시다!

"친구를 얻는 방법은 내가 먼저 친구가 되어주는 것이다."

웃음의 힘 : 진정한 아름다움은 무엇일까? •••

저는 60세가 될 때까지 한 번도 웃어본 적이 없었던 것 같아요. 제대로 된 진짜 웃음을 웃어보지 못했다는 거죠. 그 사실을 모르고 살았다면 좀 나은데 나는 그것을 의식하고 있었어요. 그래서 내심 많이 괴로워 했죠. 달리 말하면 '속으로 울고 있었다'는 거예요. 어거 심각하죠? 학교에서나 모임에서 친구들이나 후배들이 천연덕스럽게 웃는 모습을 보면, 울지 말자고 속으로 다짐하며 나는 내 마음을 추스르느라 얼마나 애를 태웠는지 몰라요. 이제는 달라졌어요. 지금은 활짝 웃을 수 있고 또 남을 웃길 수도 있어요. 이렇게 되기까지 얼마나 노력했다고요. 거의 한평생이 걸린 것 같아요. 이렇게 얻은 나의 웃는 얼굴이기에 나는 내 얼굴이 자랑스러워요. 나는 웃음도 예술이라고 생각해요. 천성적으로 잘 웃는 성품을 타고난 사람은 타고난 예술가이고 나처럼 부단한 수행을 통해 웃음을 획득한 사람은 노력형 또는 창조형 예술가라고나 할까요.

아름다움을 만들어내는 게 예술 활동이라면 사람은 자기 얼굴을 가지고도 예술 활동을 할 수 있는 거예요. 요즘 사람들은 얼굴을 아름답게 만들기 위해 무리하게 짙은 화장을 하거나 심지어는 돈을 들여 성형수술을 하여 자신의 본래 얼굴에 변형을 가하기까지 하죠. 이것은 얼굴에 가면을 만들어 씌우는 것과 같은 짓인데, 이것도 예술 활동이라면 싸구려 3류 예술이라고 할 수밖에 없죠. 이런 얼굴을 받쳐 들고 사는 사람에게 진정한 마음의 평화가 있을까? 저는 의심합니다. "아무리 많이 소유해도 만족할 줄 모르는 사람은 적게 가진 사람보다 더 가난한 사람"(우루과이 대통령 호세 무히카님의 말씀)이듯이, 아름다운 얼굴을 무리하게 만든 사람은 내내 자신의 용모에 대해 자신감을 갖지 못하고 불만족 속에서 살아가게 되리라 생각해요.

나는 청소년 여러분에게 가장 아름다운 미용술을 알려드리고 싶어요. 사람은 어머니 뱃속부터 가지고 태어난 자연산 얼굴이 있어요. 요즘 신세대 언어로 '쌩얼'이라고 하죠. 부모님으로부터 선물 받은 그 얼굴을 바탕으로, 그 위에 좋은 독서를 통해서, 마치 깊은 샘에서 맑은 물이 솟아나듯이, 자기 내면의 아름다움이 꽃피어나는 그런 얼굴이야말로 진정 아름다운 '나의 얼굴'이라고 말할 수 있을 거예요. 자, 정리해볼까요.

"부모님으로부터 받은 얼굴 그대로,
좋은 독서를 통해 눈이 빛나는 사람"
세상에서 가장 아름다운 사람의 모습입니다.

사르트르라는 철학자가 "실존은 본질에 선행한다"라는 말을 했어요. 쉽게 풀이하면 이렇습니다. 여기에 탁자가 있죠. 탁자를 만드는 사람의 머릿속에는 탁자를 만들기 전에 이미 탁자의 용도와 그것을 만드는 방법이 그려져 있습니다. 탁자의 본질을 먼저 머릿속에 가지고 있어요. 건물을 지을 때 설계도대로 만들어 의도된 용도대로 사용하듯이 말입니다.

사람은 어떤가요? 그렇지 않죠. 사람은 배움과 인격의 힘에 의해서 자기의 존재를 만들어가는 존재예요. 그러므로 태어날 때부터 부모님에게 전해 받은 것이 진정한 자기 자신이라기보다는 오히려 태어난 이후에 자기의식을 가지고 스스로 노력해서 만들어낸 자기가 진정한 자기라는 뜻이죠. 실존이 본질에 선행한다는 말은 바로 그런 의미예요. '나는 누구인가? 그것은 이미 결정되어 있는 것이 아니고 내가 만들어가는 것이다'라는 거죠. 내가 어떻게 생각하고 행동하고 무엇을 하며 어떠한 인생을 사는가에 따라서 나라는 존재가 만들어지는 것입니다. 이런 지혜를 마음속에 품고 여러분이 오늘 이야기한 따뜻한 힘들을 차츰차츰 키우면서 아름답고 커다란 나무 같은 사람이 되었으면 좋겠습니다.

철학,
삶을 가꾸는 힘

고병권

연구공동체 '수유너머R'에서 책을 읽고 글을 쓰며 강의하고 있다. 마르크스, 니체, 스피노자 등을 공부했고, 민주주의와 사회운동에 대한 몇 편의 글을 써왔다. 지은 책으로『생각한다는 것』,『민주주의란 무엇인가』,『점거, 새로운 거버먼트』,『"살아가겠다"』,『언더그라운드 니체』등이 있다.

저는 철학에서의 '힘'에 대해 강연을 해달라는 부탁을 받았습니다. 아무래도 제가 '힘에의 의지'라는 개념으로 유명한 '니체'에 대해 책을 쓴 게 있어서 부탁을 한 게 아닌가 싶기도 하고, '민주주의(democracy)'에 대한 책을 쓰며, 민주주의라는 말의 글자 그대로의 뜻, '데모스의 힘'을 강조했기 때문인가 싶기도 합니다. '힘' 내지 '강함'에 대한 철학에서의 논의는 그 연원도 깊고 내용도 다양합니다만 제가 그것을 포괄할 역량을 갖고 있진 않습니다. 다만 오늘 강연은 '좋은 삶'을 선함(도덕)에서 찾지 않고, 힘과 능력, 즉 강함(윤리)에서 찾았던 스피노자의 철학을 통해서, '삶의 힘', '삶을 꾸려나가는 힘'이 어떤 것이고, 그것을 어떻게 기를 것인지에 대해서 말해보고자 합니다.

우리가 인문학을 공부하는 이유 •••

오늘 이야기는 몇 년 전 평화인문학, 즉 교도소에서 재소자분들과 함께 인문학을 공부할 때 다루었던 내용이기도 합니다. 요새는 여러 곳에서 다양한 사람들이 인문학 공부를 합니다. 감옥이라고 알려진 교도소도 그런 곳 중 하나입니다. 당시 재소자 중 한 분이 제게 이런 질문을 던졌습니다. "왜 내가 이 자리에 앉아서 당신에게 인문학 강의를 들어야 되느냐?" 질문을 듣고 어떻게 대답할지 몰라 난감했습니다. 한 달 뒤에 제 강연이 끝나면 그때 다시 똑같은 질문을 던져보시라는 답변으로 상황을 넘겼지만, 그 질문을 받은 후로 곰곰이 그 이유에 대해 생각해보게 되었습니다. 왜 학교가 아닌 교도소에서 철학을 해야 할까?

감옥에 있는 재소자는 우리 사회에서 정한 규칙인 법, 넓게는 도덕까지 어기고 교도소에 갇힌 이들입니다. 흔히 교도소에서 하는 일을 '교정'이라고 부릅니다. 삐뚤어진 것을 잣대에 비추어 '바로 잡는 일'이지요. 교도소에서는 법을 지키고 규칙을 내면화하는 훈련을 합니다. 그렇다면, 재소자 앞에 선 철학자는 그들에게 무엇을 전할 수 있을까요? 그것은 결코 법이나 규칙에 대한 것이 아닐 겁니다. 교도소 안의 규칙이라면 교도관들이 더 잘 알 것이고, 교도소 바깥에서 지켜야 할 법이라면 판사나 검사, 변호사들이 잘 알 것이기 때문입니다. 고민 끝에, 그곳에서 철학자와 더불어 배울 수 있는 것은 '법대로 살기'에 대한 것이 아니라 '사는 법'에 대해서가 아닐까 하는 답을 얻었습니다. 철학은 제 생각에 '삶의 기술', 즉 '사는 법'이라고 말할 수 있습니다.

철학자는 법을 잘 지키는 사람이 아닙니다. 어쩌면 그는 우리 사회의 법전을 한 번도 읽어보지 않은 사람일 수도 있습니다. 철학을 일컫는 필로소피아(philosophia)란 말은 '지혜에 대한 사랑'을 뜻하는데요, 이때 '지혜'란 어떤 지식, 이를테면 법률지식 같은 것이 아닙니다. 철학자는 지혜로운 사람을 잘 사는 사람이라고 말하지만, 그것은 박식한 사람을 가리키는 게 아닙니다. 과연 어떻게 사는 것이 지혜롭게 사는 것일까. 철학은 그것을 계속해서 묻습니다. 그것을 알지 못할 때, 그런 것에 관심이 없을 때 우리는 어떤 '어리석음' 속에 빠지게 되지요.

종교나 도덕, 법률에서는 '악'도 있고 '죄'도 있습니다만, 사실 철학에는 그런 게 없습니다. 굳이 그것에 가까운 게 있다면 바로 '어리석음'이지요. 저는 '죄'란 단어를 아주 싫어합니다만, 그 단어를 철학에서 꼭 사용해야 한다면 '어리석음'이야말로 철학적 '죄'이고 또 우리가 '사는 법'을 잘 모를 때 갇히게 되는 '감옥'이라고 할 수 있을 겁니다. 이것은 법률을 어겼을 때 들어가는 현실의 감옥과는 다른 겁니다. 교도소에서 갇혀 있을지라도 '지혜로운 자'일 수 있고 교도소 바깥에 있지만 어리석음의 '수인'일 수 있습니다. 지혜로웠지만(혹은 지혜로웠기 때문에) 교도소에 갇혔던 소크라테스는 변론 과정에서 인상적인 말을 했습니다. '30인 정권' 당시 국가가 자신에게 부당한 명령을 내렸는데, 자신은 "옳지 않은 일을 하지 않는다는 것을 말이 아니라 행동으로 보여주고자" 국가의 명령을 어기고 집에 가버렸노라고 했습니다. 참 강한 사람입니다. '사는 법'이 아니라면 기꺼이 법에 저항하고 그 처벌을 감내하겠다는 용기를 가진 사람이지요.

저는 일부러 소크라테스를 '강한 사람'이라고 불렀습니다. 무엇이 올바른 것인지를 감히 따져 물을 용기를 가진 사람이었으니까요. 법률이든 도덕이든 규칙이든, 그것이 과연 올바른 것인지, 거기에 따르는 것이 지혜로운 일인지를 감히 따져 물어보았기 때문입니다. 사실 이런 사람은 드뭅니다. 보통은 '착한 사람'이 더 많습니다. 제가 '착한 사람'이라고 말한 것은 우리 사회의 잣대를 충실히 잘 지키는 사람입니다. 우리 사회의 도덕과 법을 잘 지킨다면 그는 '착한 사람'이라는 말을 들을 수 있습니다. 도덕과 법, 종교는 우리에게 착한 사람이 되라는 말을 많이 합니다.

하지만 제 생각에 철학이 길러내고자 하는 사람은 '착한 사람'이 아니라 '강한 사람'입니다. 착한 사람이 우리 사회의 잣대를 잘 따르는 사람이라면 강한 사람은 그 잣대에 대해 따져 물어볼 수 있는 힘과 용기를 가진 사람입니다. 무조건 사회의 규칙을 지키지 말라는 말은 아닙니다. 다만 그 잣대, 그 규칙들을 평가해볼 수 있는 힘과 용기가 있어야 한다는 말입니다.

어찌 보면 착하게 사는 것은 쉽습니다. 우리에게 따를 것을 요구하는 법과 도덕, 즉 우리 사회의 잣대를 준수하면 되기 때문입니다. 정작 어려운 것은 '잣대' 자체를 재어보는 것입니다. 그런데 '잣대를 재는 잣대'란 없습니다. 그러니 주어진 잣대 없이 우리는 현재 우리가 따르고 있는 잣대를 잴 수 있어야 합니다. 그런 힘을 기르는 것이 바로 철학입니다. 그냥 위대한 지도자의 말을 따르고 훌륭한 책에 나오는 대로 살면 되지 왜 그리 힘들게 살아야 하냐고요? 여러분이 어떻게 생각할지 모르겠지만, 철학은 우리에게 그렇게 힘들게 살아야 한다고 말합니다. 우리 스스로가 훌륭한 삶이 무엇인지를 알지 못한다면 우리는 누군가의 노예로, 어떤 어리석음 속에서 살 수밖에 없을 거라고 말합니다.

우리 모두는 잘 살고 싶어 합니다. 훌륭한 사람, 좋은 삶을 살고 싶은 것입니다. 그런데 이상하게 들릴지 모르겠지만, 아니면 벌써 짐작한 분도 있겠지만, 저는 '좋은 삶'과 '착한 삶'을 구분할 겁니다. 좀 전에 저는 철학은 '착한 사람'이 아니라 '강한 사람'을 길러낸다고 했습니다. 이제부터 할 이야기는 그것에 대한 부연이 될 겁니다. 저는 스피노자의 윤리학을 소개하면서 좋은 삶이 왜 '힘 있는 삶', 즉 '삶의 능력을 키우는 일'에 있는지를 말하려고 합니다. 그리고 이때의 '힘'*이란 어떤 것인지도 말해볼까 합니다.

선악 : 인간적인, 너무나 인간적인 나약함 •••

'신은 죽었다'라는 말로 유명한 니체라는 철학자가 있습니다. 그는 『도덕의 계보학』이라는 책을 썼는데요, 그 책 서문에서 자신이 어렸을 때부터 '악의 기원'에 대해 물음을 던졌다고 말합니다. 그리고 열세 살의 어린 나이에 그것이 신에게 비롯된다는 결론을 내렸다고 합니다. 참 당돌한 결론이지요. 하지만 나이가 들면서 '악이 뭘까'라는 질문에 대해서는 별 관심을 갖지 않게 됩니다. 선이나 악이 실제로 존재하는지 여부가 쓸데없는 논쟁이라고 생각했기 때문이겠죠. 대신 그는 이렇게 묻게 되었답니다. "인간은 어떤 조건 하에서 선과 악이라는 가치 판단을 생각해내는가?"

　　니체의 질문에, 그보다 앞서 살았던 사람이지만, 스피노자가 대답을

★　'힘'이라는 단어는 여러 가지 용례로 쓰인다. '힘이 세다' 할 때처럼 '물리력'을 의미하기도 하고, '나는 무엇 무엇을 할 수 있다'의 의미로 능력·역량을 가리키기도 한다. 여기서 말하는 힘은 후자에 관한 것이다.

했다면 어땠을까요? 아마도 그는 '인간이 두려움을 느끼거나 뭔가 무능력하거나 힘이 없을 때, 세상을 선악의 잣대로 보려 한다'고 대답했을 겁니다.[*] 가령 이라크전쟁 당시 미국의 부시 대통령은 '악의 축'이라는 말을 썼습니다. 스피노자 식으로 말하면, 그때 부시는 공포에 젖어 있었는지도 모르겠습니다. 선악이란 두려움에 젖었거나 나약한 상태의 인간에게 나타나기 때문입니다. 자기를 입증할 힘이 없거나 입증할 필요를 느끼지 못하는 사람들은 상대방을 악이라고 부르길 좋아합니다. 내가 하는 일이 "악은 없어져야 하니까!" 이 한마디로 정당화되기 때문입니다. 이렇게 되면 내가 왜 이런 행동을 하는지 설명할 필요가 없고, 상대방을 악이라고 규정하는 것만으로 충분합니다.

스피노자는 인간에게 선악이라는 판단이 나타나는 과정, 세상을 도덕의 눈으로 바라보는 과정을 '목적론'과 연관시켰습니다. 우리는 어떤 현상을 이해하지 못하면서 함부로 목적을 덮어씌우는 경향이 있습니다. "이빨이 왜 있을까?" "씹기 위해서 있겠지", "눈은 왜 있을까?" "보기 위해서 있겠지" 여러분, 눈이 있어서 보게 됐을까요? 보기 위해서 눈이 생겨났을까요? 인간은 이런 식으로 모든 행동을 자신의 목적, 즉

---

[*] 니체도 『힘에의 의지』라는 책에서 비슷한 말을 한 적이 있다. 아프리카의 한 추장의 입을 빌어서 그는 "착한 사람은 모두 약하다. 악한 사람이 될 수 있을 만큼 강하지 못하기 때문이다"고 했다(355절). 물론 니체가 무조건 '악한 사람'이 되라고 말한 것은 아니다. 좋은 삶을 위해서는 사회적 규칙을 어기고 기꺼이 비난도 받을 용기를 가져야 한다는 뜻이다. 역사상 위대한 인물들은 당시에는 '악당'으로 불렸다는 사실을 기억할 필요가 있다. 니체가 착한 사람을 '이상적인 노예'라고 부른 것도 이런 맥락에서였다. 사람들은 스스로 기준을 세우는 것을 불편하고 위험하다고 생각하기 때문에, 그냥 세상의 기준에 적응해서 유리한 위치를 차지하려고 한다. 그런데 그런 영리함이 그를 평생 노예로 만든다고 할 수 있다(358절). 그런 영리한 노예, 이상적 노예가 되면 고통과 불행은 어느 정도 줄일 수 있을지 모른다. 그러나 그런 한에서 그는 결코 강해질 수가 없다. 니체는 그런 사람에 대해 "마음이 약한 자에게는 불행이 없다"고 비꼬았다(355절).

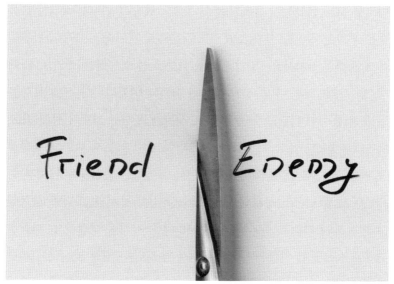

"이라크전쟁 당시 미국의 부시 대통령은 '악의 축'이라는 말을 썼습니다. 스피노자 식으로 말하면, 그때 부시는 공포에 젖어 있었는지도 모르겠습니다. 선악이란 두려움에 젖었거나 나약한 상태의 인간에게 나타나기 때문입니다. 자기를 입증할 힘이 없거나 입증할 필요를 느끼지 못하는 사람들은 상대방을 악이라고 부르길 좋아합니다. 내가 하는 일이 "악은 없어져야 하니까!" 이 한마디로 정당화되기 때문입니다."

어떤 것이 자기에게 이익이 되는지에 맞추어 행동하는 성향이 있는데, 이것을 모든 사물들이 존재하는 목적에도 적용시킵니다. 각각의 사물들은 특정한 목적을 가지고 있으므로 존재할 것이라는 생각이 인간들을 지배하는 것이지요. "영양 공급을 위한 식물과 동물, 비추기 위한 태양, 물고기를 위한 바다" 등이 그러한 생각의 예들입니다. 식물과 동물은 우리 음식이 되려고 있는 것이고, 태양은 우리를 비추기 위해 있고, 뭐 그런 식으로 생각하는 겁니다. 그러다 보면 어느새 이런 과대망상에 빠져들죠. 세계 자체라는 게 거기서 살아가는 인간들을 위해서 존재한다고 말입니다. 성경의 구절을 조금 갖다 쓰자면, 인간이 생육하고 번성하게 하려고 신이 세계를 만들어준 것처럼 생각해요. 이러한 편견에 사로잡힌 인간은 슈퍼맨이나 독수리5형제처럼 자신들이 지구를 지켜야 한다는 과도한 주인의식을 갖게 됩니다. 이렇게 자기 식대로만 세상을 이해하는 것은 유치한 사람들의 특징입니다. 이들에게 세상은 자기 식으로만 이해되고, 자신과 다른 생각이 있다는 것을 이해하지 못합니다.

스피노자는 선과 악, 질서와 혼란, 아름다움과 추함 등도 이러한 목적에 비추어서 평가된 것이라고 말합니다. 자신들에게 유용한 것, 자신들을 유쾌하게 해주는 것 등을 탁월한 것으로 평가해서 그것들에 전자의 지위를 부여하고 그렇지 못한 것들에 후자의 지위를 부여하는 것이지요(『에티카』). 쉽게 말해서 질서와 무질서, 아름다움과 추함, 이런 것들에 우리(한 사람 혹은 한 사회)가 대개 기대하는 바가 있다는 겁니다. 엄마 아빠가 여러분에게 "너 왜 이렇게 삐뚤어졌냐?"라고 말한다면 부모님이 기대하는 모습에서 여러분이 벗어난 것일 뿐이지, 그 자체로 여러분이 삐뚤어졌는지 아닌지는 알 수가 없습니다.

인간들은 모든 사물들의 존재 이유를 자기 목적에 끼워 맞추었으므로, 그런 것들이 "누군가가 인간들을 위해 창조해준 것이라고 믿는 것"도 어려운 일은 아니었습니다. 신의 창조 신화는 이런 식으로 '창조'되었습니다. 질문 하나 드릴게요. 만약 여러분이 나중에 신을 만나게 된다면, 신은 어떤 모습으로 있을 것 같나요?

청소년 : 형태가 없을 것 같아요.

청소년 : 수염이 긴 할아버지일 것 같아요. 하얀 옷 차림에.

네, 궁녀가 왕을 시중들듯, 가령 선녀 둘이 신 옆에서 부채질을 하고 있을 것만 같죠. 그 선녀는 천국에서 평생 부채질하는 지옥형벌을 받았나 봐요. 천국이 모두에게 천국은 아닌 모양이지요. (웃음) 많은 사람들이 신을 왕이나 입법자처럼 상상한다고 스피노자는 말합니다. 우리가 아는 가장 힘센 사람은 왕이거든요. 신을 볼 수도, 만날 수도 없으니까 신이 권력자처럼 엄청나게 힘이 셀 거라고 생각하는 거죠. 또 신은 선악의 재판관과도 같아서 그 앞에서 죄를 심판받을 것만 같아요. 마치 법원에 선 것처럼요.

여러분은 힘센 자를 어떤 이미지로 생각하나요? 자기 마음대로 열받으면 세상에 불질러버리고 심판하고 지옥에 보내는 사람인가요? 힘이 세다는 건 이런 게 아닙니다. 오히려 그렇게 감정적 동요가 심하고, 누군가를 바꿀 수 없기에 응징하려고 드는 것은 약한 사람의 특징이 아닐까요. 앞서 말했듯이 강함이라는 것은 내가 복종하거나 내면화하거나 지켰던 규칙을 다룰 줄 아는 힘을 지녔다는 말입니다. 물론 일부러 규칙을 어기는 것도 우스꽝스러운 일이지요. '난 무조건 비뚤어질 거야' 하는 것도 강한 사람의 특징이라고 할 수는 없지요. 누군가 건네는 충고를 기꺼이 받아들이는 것도 용감한 것이죠. 다른 사람 의견에 공감하면 약하고 자기 의견을 고집하면 강하고, 그런 게 아닙니다. 중요한 것은 내가 규칙들을 그 바깥에서 생각해볼 수 있는 힘을 지녔느냐 하는 겁니다. 그럴 수 있는 사람이 강한 사람입니다.

어느 날 제가 버스를 탔는데, 뒤쪽 2인석에 빈자리가 하나 있는데도 아무도 앉질 않더군요. 앉으려고 가봤더니 거기 앉아 있던 아저씨 팔에 화려한 문신이 그려져 있었어요. 그분은 팔을 은근히 내비치면서 앉아 있었습니다. 저 역시 겁이 많아서 다른 승객들처럼 그 자리에 앉지 못했어요. (웃음) 아마도 그분은 그렇게 어마어마한 힘을 가진 사람이 아닐 겁니다. 그분의 힘은 거기 있던 사람들이 가진 두려움의 크기일 거예요. 약하다는 말이지요. 말하자면 독재자는 아주 힘이 센 사람처럼 보이지만, 사실은 우리가 힘이 없고 두려움에 떨기 때문에 그렇게 보이는 것입니다. 그 사람이 가진 힘의 세기는 우리가 가진 두려움의 크기인지도 모릅니다.

다시 하던 이야기로 돌아와 봅시다. 여러분이 어떤 신을 상상하는가를 보면, 여러분이 어떤 사람인지를 오히려 알 수가 있습니다. 이스라엘의 장군 여호수아에게는 천사가 칼을 찬 모습으로 찾아왔다고 합니다. 아까 한 친구가 신은 형태가 없을 것이라고 얘기했어요. 모세 역시 그랬습니다. 모세가 시나이 산에서 십계를 받을 때 그에게 신은 목소리만으로 찾아왔습니다. 왜 목소리가 들렸을까요? 그 전에 모세는 왜 높은 곳에 올라가서 십계를 받았을까요? 신은 어디에도 있을 것 같은데 굳이 땀을 뻘뻘 흘리며 산에 올라간 이유는 뭘까요?

청소년 : 모세가 등산을 좋아했어요.

청소년 : 신이 하늘에 있다고 생각해서요.

제 생각도 그래요. 신이 하늘에 있다고 생각한 모양이에요. 그래서 하늘에서 비교적 가장 가까운 곳인 높은 산으로 마중 나간 게 아닐까 싶어요. 또한 모세는 신을 이미지로 상상할 수 없었어요. 십계에 '우상 숭배 금지'가 명기된 것도, 스피노자에 따르면, 모세가 신의 형상을 떠올릴 수 없었기 때문입니다. 일반인은 신의 모습을 볼 수 없는데 누군가가 어떤 형상을 신이라고 우긴다면 그건 우상 숭배인 것이지요. 신은 정말이지 맞춤서비스로 자신에게 나타납니다. 사람들은 딱 자기 수준에 맞게 신을 만납니다. 어리석은 자의 신은 그를 닮아 어리석고 지혜로운 자의 신은 그를 닮아 지혜롭습니다.

예로부터 인간은 자신이 알 수 있는 것은 '인간적인' 것이고, 자신이 감당하지 못하는 것, 두려운 것, 이해할 수 없는 것을 '신적인' 것으로 불러왔습니다. 고대 사람들은 폭풍이 불고 번개가 치는 것이 신이 우리를 꾸짖는 것이라 이해했고, 이민족을 보면 신의 아들들이라 불렀다고 하지요. 이와 관련해서 스피노자가 『신학정치론』에서 보여준 성서 해석은 좋은 참조가 될 듯싶습니다. "당시 유대인들은 현상만 이해했을 뿐 발생 원인들을 알지 못할 때는 그것을 언제나 신의 탓으로 돌렸다. 폭풍은 신의 꾸짖음, 천둥과 번개는 신의 화살이라고 불렀다. (…) 자연의 비범한 일들은 신의 일, 매우 큰 나무는 신의 나무라고 불렀기 때문에, 「창세기」에서 괴력을 지난 큰 키의 소유자가 불경한 도둑과 호색한이었다고 할지라도 신의 아들로 불린 것은 그다지 놀랄 일이 못된다. 이처럼 경이로운 사물과 현상을 신에게 돌리는 일이 유대인에게만 두드러진 특징도 아니었다."[*] 그래서 스피노자는 말합니다. 성경에 쓰여 있는 그대로 믿어버리면 우리는 신이 아니라 종이와 잉크를 숭배하는 것이라고.

전지전능한 왕으로서의 신, 심판자로서의 신은 자연에 대한 깊은 이해에서 나오는 게 아니라 자연에 대한 철저한 무지에서 나옵니다. 신이 어떤 존재인지에 대해서 전혀 알 수 없었으므로 창조주 역시 인간의 기질과 성품에 맞게 그려진 것입니다. 이것이 바로 인간의 무지와 무능에서 신이 나오고 있음을 보여주는 예일 겁니다. 스피노자에 따르면 우리가 알지 못하는 것을 신에게 돌리는 것은 결국 우리의 무지를 고백하는 우스꽝스러운 방식입니다. 『에티카』에서 그가 쓴 표현을 빌면 신을 "무지의 피난처"로 삼는 겁니다.[**]

여러분은 신을 어떨 때 찾나요? 많은 사람들이 자신이 힘들거나 뭔가 두려울 때 신을 찾습니다. 자기가 뭔가 할 수 있을 때나 기쁠 때는 찾지 않아요. 앉은뱅이를 일으켜 세우고 물을 아래에서 위로 솟구치게

---

[*]   스피노자, 『신학정치론/정치학논고』, 최형익 옮김, 비르투, 2011, 34쪽.
[**]   스피노자, 『에티카』, 강영계 옮김, 서광사, 1990, 60쪽.

하면, 사람들이 선지자가 나타났다고 믿습니다. 사람들이 제 스스로 무지한 것에 대해, 무능한 것에 대해 신을 찾는데, 그때 신이 어떻게 지혜를 상징하고 힘을 의미하겠습니까. 오히려 우리의 무지, 우리의 무능을 보여주는 징표이겠지요. 스피노자는 이런 식의 이야기를 하는 겁니다. 기괴하거나 이상한 일이 벌어지는 게 신적인 것이 아니라, 우리가 일상에서 경험하는 모든 일들이 다 신적인 것이라고 말입니다. 물이 위에서 아래로 떨어지는 것, 사랑하는 사람 앞에서 얼굴이 빨개지는 것…… 이런 것이야말로 신적인 것이 아닐까요? 우리는 우리가 잘 아는 것, 우리의 능력이 표현되는 곳, 우리가 기쁨을 발견하는 곳에서 신을 발견할 수는 없을까요?

아담의 상상 •••

스피노자는 신에 관한 이러한 관점 때문에 살아생전에도 그 후에도 사람들의 공격을 많이 받았습니다. '식칼테러'를 당한 적도 있는데 다행히 몸을 피해서 외투만 찢겨졌다고 합니다. 그는 찢긴 외투를 방에 걸어놓고는 '조심하라, 모든 사람이 진리를 사랑하는 건 아니다'라는 글귀를 써놓았다고 합니다. 또 스피노자는 유대인임에도 유대교 공동체로부터 파문을 당합니다. 유대인은 기독교 박해에 오랫동안 시달려서 기독교와 사이가 안 좋았음에도, 17세기 네덜란드의 유대인들은 기독교도와 연합하여 스피노자를 못살게 굽니다. 스피노자는 죽어서 교회 무덤 앞에 묻히는데, 일주일 만에 누군가가 시체를 파헤쳐 가져가버렸다고 합니다. 당시 스피노자를 이단으로, 악마로 몰아가려는 사람들이 많았다는 겁니다. 그러므로 강자를 보호하는 일이 중요합니다. 사람들의 통념이나 편견을 무작정 따르지 않는, 스피노자처럼 '강한' 사람들을 우리가 보호해야 해요. 강자를 보호해야 한다고 하니까 이상한가요?

블레이흔베르흐라는 사람도 스피노자를 악마로 규정하려 했던 사람 중 하나입니다. 그는 칼뱅주의를 신봉하던 곡물 상인이었는데요, 성경의 절대적 권위를 훼손하는 철학자들을 비난하는 책을 쓴 적도 있습니다. 하지만 스피노자는 그를 잘 몰랐던 것 같습니다. 블레이흔베르흐는 자기 의도를 감추고는 스피노자에게 접근합니다. 그는 스피노자에게 편지를 썼는데요, 거기서 자신을 정직한 상인으로 소개합니다. 그리고 생계를 위한 시간 외에는 모두 진리를 추구하는 데 바치고 있다고 했습니다. 게다가 최근에 스피노자의 글을 읽었는데 너무 감탄했다며, 몇 가지 이해되지 않는 부분이 있는데 가르침을 줄 수 있느냐고 물었습니다(편지18*). 스피노자는 너무 기뻤습니다. 진리를 사랑하는 사람들의 우정은 비할 데 없는 가치를 갖는다고 답했지요(편지19).

블레이흔베르흐는 선악과에 대해 물었습니다. 선악과 이야기 아시죠? 신이 아담에게 어떤 과일을 따먹지 말라고 했는데 아담이 따먹고 벌 받은 이야기 말이에요. 이 이야기에는 언뜻 이해되지 않는 대목이

★   스피노자가 죽은 직후 그의 친구들은 『유고집(Opera Posthuma)』(1677)을 발간했는데 여기에 74개의 편지가 들어 있었다. 이 편지들은 처음에는 수신인을 기준으로 분류되었다가 나중에 시간순으로 배열되었고, 1882년 스피노자 전집이 새로 발간되면서 나중에 발견된 편지 9개가 더해져서 모두 83개의 편지가 시간순으로 배열되었다. 스피노자의 편지를 인용할 때는 일반적으로 이 순서를 따른다. 스피노자의 편지들은 아직 국내에 번역되어 있지 않다.

있습니다. 신은 아담이 선악과를 따먹을 것을 알았을까요, 몰랐을까요? 아니 그 이전에 신이 선악과를 따먹지 못하게 해야겠다고 결심을 했다면 아담이 그걸 따먹는다는 게 도대체 가능한 이야기일까요? 아담은 신이 직접 만든 작품인데, 그런 아담이 신의 의지를 어겼다는 것은 신이 무능하다는 걸 보여주는 증거가 아닐까요? 블레이흔베르크흐는 스피노자가 이 문제를 어떻게 생각하는지 물었습니다.

아담이 선악과를 따먹을 것이라는 점을 신이 알지 못했을 리는 없습니다. 게다가 아담이 절대자인 신의 명령을 어길 수도 있을까요? 블레이흔베르흐는 스피노자의 철학을 염두에 두고는 이 문제를 물고 늘어집니다. 신이 만물의 원인이라면 선악과를 먹겠다는 아담의 결심도 결국 신이 그렇게 결정한 것 아니냐고요. 그럼 아담은 신의 뜻을 어긴 것인가요, 아닌가요? 여러분도 어린 시절에 이 얘기를 들었을 텐데 이상하지 않았나요? 뭔가 신이 함정수사를 한 것 같아요. 신이 파놓은 덫에 아무래도 아담이 걸린 느낌이잖아요. 애초에 왜 신이 그런 이상한 나무를 만들어놨으며, 위험한 나무라면 따먹을 수 없게 전능한 신이 미리 조치해두어야지 맞는 거 아닌가요? 신은 "먹지 마!"라고 말하면서 한편에서는 "먹어라!"라고 말한 셈이라고 블레이흔베르크는 이야기합니다(편지18).

이에 대해 스피노자는 이렇게 답합니다. 신이 아담에게 계시한 것은, 아담이 그 과일을 먹었을 때 일어날 치명적인 일에 대한 것이라고요. 마치 "독이 우리에게 치명적이라는 것을 우리 지성을 통해 계시하듯이 (…) 그 열매를 먹으면 어떤 치명적인 결과가 일어날 것"이라는 말입니다(편지, 19). 신은 선악과를 먹으면 벌어질 일을 경고했고, 아담이 그것을 먹었을 때 그 경고는 실현되었습니다. 그러니 아담은 신의 말을 어긴 것이 아니라 입증한 셈입니다.

신의 의지를 자기 멋대로 해석했다고 해서 우리가 신의 의지를 어길 수 있는 것은 아닙니다. 단적으로 말해 세상에 악한 과일은 존재하지 않습니다. 그렇다면 그 과일의 정체는 무엇일까요? 스피노자는 그것을 우리가 일상에서 경험하는 '독'과 같은 것이라고 말합니다. '독'이란 악한 것이 아니지요. 여러분이 약국에 가면 조제실 앞에 영어로 'pharmacy'라고 쓰여 있는 걸 보게 됩니다. 그리스어 'pharma-kon'에서 유래한 이 말은 '약'과 '독'을 동시에 의미한다고 합니다. 영어로 선물을 의미하는 'gift'는 독일어로 '독'이라는 뜻을 갖고 있습니다. 어떤 것이 우리에게 선물일지 아닐지, 약일지 독일지는 미리 정해져 있는 것이 아니라, 그걸 받는 사람과 어떤 관계에 있느냐에 따라서 달라진다는 겁니다. 어떤 동물에게는 약이 될 수도 있었던 그 과일이 아담에게는 독이 되었던 것뿐입니다. 신은 인간의 가장 무지한 상태에 머물러 있던 아담에게 약과 독을 구별해주었을 뿐이지요.

인류의 역사를 한 사람의 생애로 표시한다면 아담은 인류의 어린아이라고 말할 수 있을 겁니다. 아담은 정말이지 유치하게 생각하고 행동했습니다. 그는 자기가 신의 말을 어겼다고 생각했습니다. 아니 어길 수 있다고 생각합니다. 신의 말을 법이나 도덕 같은 것으로 생각했기 때문입니다. 그는 선악과를 먹은 행위가 신의 명령을 어긴 행위라고 생각했기 때문에 그가 경험한 능력의 감퇴나 두려움이 신의 심판이라고 믿었습니다. 사실 죄를 범했다는 생각도, 그래서 심판을 받았다는 생각도 신에 대한 이해력 부족에서 나온 겁니다. 여러분 아담이 신의 뜻을 어기는 것은 불가능합니다. 그러니 신 또한 아담을 별도로 처벌한 적이 없습니다. 오로지 신의 뜻의 관철만이 있을 뿐이지요. 아담은 제 자신의 신체와 맞지 않는 과일(누군가에게는 이 과일이 좋게 작용할 수 있습니다만)을 먹었고, 그로써 배탈이 났던 것뿐입니다. 신의 뜻 바로 그대로!

우리는 아담처럼 선악과 이야기를 심판의 잣대로 해석하려 합니다. 신의 뜻을 어겨서 아담이 심판을 받았다고 생각하지요. 거듭 말하는데 '심판'이라는 관념, 즉 착한 일을 하면 복을 받고 나쁜 일을 하면 지옥에 간다는 생각 자체는 사람들의 유치한 상상에 불과하다는 게 스피노자의 입장입니다. 만약 신을 인간의 착한 일에 기뻐하고 인간의 나쁜 일에 벌을 내리는 모습으로 상상한다면, 그것은 신을 보여주는 것이 아니라 그런 상상을 하는 사람이 얼마나 유치한지를 보여주는 징표일 뿐이라는 겁니다.

욕을 많이 먹은 사람이 오래 산다는 말이 있습니다. 이 말이 맞는지 안 맞는지 우리가 알 수는 없습니다만, 악하다고 빨리 죽는 것은 아니라는 사실만큼은 확실하지요. 우리가 사는 사회의 도덕이나 법은 어떤 행동이 있고 난 뒤에 그것을 보상하거나 처벌함으로써 심판을 합니다. 선한 일에는 상을 주고 악한 일에는 벌을 내리지요. 그러다 보면 상을 받거나 벌을 피하기 위해서 사람들은 선한 일을 하기도 하지요. 하지만 어찌 보면 이런 포상과 처벌은 이중특혜이거나 이중처벌입니다. 스피노자는 이렇게 말할 겁니다. 당신이 좋은 일을 했다면 그것 자체로 덕이고 복이라고 말이지요. 여러분이 이웃을 사랑하며 살았다면 그것 자체로 이미 축복을 받은 것입니다. 사랑하는 동안 우리는 이미 천국에서 살고 있는 것입니다. 그런데 이웃을 사랑했다고 나중에 하느님이 천국 가는 표를 준다면 그건 이중특혜라는 거예요. 내가 나쁜 짓을 했다면 이미 나쁜 짓으로 자기 인생을 망친 것만큼 벌을 받은 것입니다. 그것으로 벌을 준다면 이중처벌입니다. 물론 법적으로는 죄에 대한 처벌을 받게 되어 있지만, 철학에서는 어리석게 산 것으로 충분히 벌을 받았다고 이야기합니다. 잠언에 나온 구절을 스피노자는 인용합니다.[*] "명석한 사람은 명석한 것 자체가 생명의 샘이 되거니와 미련한 자에게는 미련함 자체가 징계가 되느니라."(잠언, 16장, 22절)

따라서 선악과에 대한 아담의 오해는 그의 죄를 설명한다기보다는 그의 무력감을 표현한다고 볼 수 있습니다. 기독교 신학자들은 종종 죄를 짓는다는 사실에서 인간의 약함을 설명하려고 합니다. 그러나 사실은 그 반대이지요. 약함을 설명하는 것이 죄가 아니라 오히려 사람들이 죄에 대해서, 악에 대해서 어떤 신화를 가지고 있는 것이야말로 우리의 약함을 보여주는 것이라 할 수 있습니다.

선악을 넘어서 : 좋은 삶이란 무엇일까? • • •

여러분에게는 만나면 기분이 나쁘고 일이 꼬이는 친구가 혹시 있나요? 이런 친구를 계속 만나면, 선악과가 아담을 그렇게 만들었듯이, 내 존재를 파괴할 겁니다. (웃음) 그 친구가 절대적으로 나쁘다는 것이 아니라, 지금의 나와는 잘 맞지 않는다는 겁니다. 그런데 '착하게 살아야

★ 스피노자, 『신학정치론/정치학논고』, 97쪽.

한다'는 일념으로 무조건 그 친구 앞에서 억지웃음을 짓거나 마음에도 없는 소리를 하며 계속 곁에 머문다면 아마 병이 생길 겁니다. 내가 약해진다는 겁니다. 그래서 나에게 나쁜 관계는 피해야 합니다.

하지만 방금 말했듯이 그 친구가 나와 맞지 않는 이유는 내가 아직 이 친구와 사귀는 법을 모르는 것일 수도 있습니다. 자연 전체에는 나에게 좋거나 나쁜 관계가 있을 수밖에 없기에 나에게 좋은 것은 만나고 나쁜 것은 가급적 피하는 게 일단은 제일 좋습니다. 하지만 내가 건강하고 충분한 힘이 있다면 나쁜 관계를 좋게 만들어보는 시도도 할 수 있습니다. 고대 철학자들은 신은 만물과 친구라고, 그래서 철학이라는 것은 신의 친구가 되는 것이라고 여겼습니다. 하느님이 있다면, 아마도 만물과 사귀는 법을 다 알 거예요. 신에게 나쁜 영향을 줄 수 있는 존재는 세상에 없어요. 달리 말하면 우리가 세상의 존재들과 사귀는 법을 잘 알아갈수록 우리는 신에게 가까워지는 것이라고 할 수도 있습니다. 우리는 그만큼 강한 사람이 되는 겁니다.

저는 물에 들어가면 맥주병입니다. 물은 저에게 공포 그 자체예요. 그러나 제가 만약 수영을 배운다면, 다시 말해 물과 관계 맺는 법을 배운다면 내가 우울할 때 물이 나를 위로해줍니다. 그 후로는 물을 떠올리는 것만으로도 기분이 좋아집니다. 관계는 바꿀 수 있습니다. 수영을 배운다는 것은 물과 나의 관계를 바꾸는 일입니다. 물과 관계 맺는 법을 모를 때는 가급적 물가에 가지 않는 것이 좋습니다. 위험하니까요. 하지만 내가 용기를 낼 수 있을 만큼 건강하고, 수영을 잘하는 다른 사람들을 관찰할 만큼 여유를 가질 수 있다면, 나는 조금씩 조금씩 물과 사귀는 시도를 해볼 수 있습니다.

내가 만나는 사람도, 일도 마찬가지입니다. 그 자체로 선하거나 악한 사람, 그 자체로 선하거나 악한 일은 없습니다. 다만 지금의 나와의 관계에서 좋고 나쁜 것이 있을 뿐입니다. 우리는 어떤 일을 겪을 때마다 다양한 감정을 경험합니다. 기분이 좋아질 때도 있고 나빠질 때도 있으며 무덤덤할 때도 있지요. 스피노자에 따르면, 내가 기쁨을 느낀다는 것은 그 만남을 통해서 내 능력이 더 커지고 완전해진다는 표시입니다. 슬픔을 느낀다는 것은 그 반대이지요. 어떠한 기쁨이 명확하지 않고 곧 기쁜 일이 올 것 같다는 불확실함이 있을 때 우리는 그것을 '희망'이라고 부릅니다. 확실하진 않지만 뭔가 슬픈 일이 닥칠 것 같을 때의 감정은 '공포'라고 부르고요.

스피노자는 선이니 악이니 하는 것이 중요한 게 아니라 내가 내 삶을 가꾸는 데, 나의 힘과 나의 건강을 늘리는 데 어떤 마주침이 어떤 영향을 미치는지, 그리고 내가 그것을 어떻게 바꿀 수 있을지에 관한 기술이 필요하다고 말합니다. 그가 말하는 선과 악은 보통 기독교도들이나 도덕철학자들이 말하는 것과 크게 다르지요. 절대적인 '선함'과 '악함'은 없습니다. 반복해서 말하지만 우리에게 '좋음'과 '나쁨'이 있을 뿐이지요. 이런 의미에서 스피노자는 우리에게 '좋은 삶'을 살 것을 요구합니다. 다시 말해 천사니 악마니 하는 이야기에서 벗어나, 정말 우리에게 행복을 주고, 우리를 지혜롭게 만들어주며, 우리에게 기쁨을 주는 삶을 살아야 한다는 겁니다. 그것에 대한 지혜를 그는 '윤리학'이라고 말했습니다.

생각해봅시다. 큰 고기가 작은 고기를 잡아먹는 것은 선한 일일까요, 악한 일일까요? 그것은 선한 일도 악한 일도 아닙니다. 큰 고기에게는

'좋은' 마주침이었고, 작은 고기에게는 '나쁜' 마주침이었으며, 자연 전체로서는 좋은 마주침도 나쁜 마주침도 아니지요. 큰 고기는 작은 고기를 해체해서 자기 신체의 관계 속에 재편시킴으로써 능력의 확장을 경험했고, 작은 고기는 자신보다 강한 외력에 의해 제 신체를 이루는 관계들의 해체를 경험했습니다.[*]

예전에 본 〈밀림의 왕 레오〉라는 만화에서는 사자가 초식동물과 육식동물이 평화롭게 어울리게 하기 위해 풀을 뜯어먹기로 결심하더군요. 하지만 그것이 윤리적이라고 할 수는 없습니다. 자기 삶을 보존하고 강화하려는 노력은 결코 비윤리적인 게 아닙니다. 오히려 그런 본성이나 자연에 반대되는 것을 외적으로 강제하는 것이 비윤리적이지요. "이성은 자연에 반대되는 것을 아무것도 요구하지 않으므로 모든 사람들이 자기 자신을 사랑하고 자기의 이익을 추구하는 것, 그리고 인간에게 더 큰 완전성을 얻게 해주는 것을 욕구하는 것을 요구한다."(『에티카』 4부 정리18의 주석) 그리고 덕(virtus)이란 "고유한 본성의 법칙에 따른 작용에 불과"하므로 "각자가 자기에게 이로운 것을 추구하면 할수록, 그리고 자신의 존재를 유지하기 위해 노력하고 달성하면 할수록 더욱더 유덕하다고 말할 수 있다."(『에티카』 4부 정리20) 이런 게 스피노자의 생각이지요.

많은 사람들이 이타적인 것만을 선이라고 부릅니다. 그러나 스피노자가 보기에, 자기를 버리고 오로지 타인을 위해서만 하는 행동은 숭고해 보일지 몰라도 윤리적 행동은 아닙니다. 윤리적인 것은 자신에게

---

[*]   스피노자, 『신학정치론/정치학논고』, 290쪽.

"철학이 길러내고자 하는 사람은 '착한 사람'이 아니라 '강한 사람'입니다. 착한 사람이 우리 사회의 잣대를 잘 따르는 사람이라면 강한 사람은 그 잣대에 대해 따져 물어볼 수 있는 힘과 용기를 가진 사람입니다. 무조건 사회의 규칙을 지키지 말라는 말은 아닙니다. 다만 그 잣대, 그 규칙들을 평가해볼 수 있는 힘과 용기가 있어야 한다는 말입니다."

도 도움이 되는 것이자, 자기를 보존하는 것이어야 합니다. 그럼 이기적인 행동을 해야 하는 것일까요? 그런데 우리가 아는 좁은 의미의 이기주의자들은 이기적 행동을 통해서 자기를 망칩니다. 진정으로 자기를 돌보는 법, 자기를 이롭게 하는 법을 모르기 때문이지요. 정말로 자기를 위해서 행동하는 사람은 눈앞의 이익에 어두워 자기 삶을 망치는 행동을 하지 않을 겁니다. 어떻든 스피노자가 말하는 모든 윤리의 원천은 '나 자신에게 해로운 일을 하지 마라, 나를 슬프게 하는 일은 하지 마라, 나를 기쁘게 하는 일을 하라'입니다.

사실 자신의 존재를 유지하기 위해 노력하고 자기 힘과 능력의 확장에 도움이 되는 것을 추구한다는 점에서는 누구도 다르지 않습니다. 이 점에서는 현자와 바보, 자유인과 노예, 강자와 약자가 구분되지 않아요. 이성적 인간 못지않게 바보도 자기 존재를 지속시키기 위해 최선을 다합니다. 그렇다면 차이는 어디에 있을까요? "전자는 자신이 중요하다고 생각한 것, 자신이 욕구한 것을 행하지만, 후자는 자신이 알지도 못하고 원하지도 않는 것을 행한다."(『에티카』 4부 정리66의 주석) 즉 둘 다 자기 존재를 유지하고 싶어 하지만 후자는 어떤 것이 자신에게 유익한 것인지를 알지 못합니다. 어리석은 자는 '좋음'과 '나쁨'을 구별할 수 있는 힘을 스스로 갖추지 못한 자이며, 동시에 그런 구별에 무관심한 자입니다.

자유인과 노예 사이에 존재하는 결정적인 차이는 '좋음'과 '나쁨'을 구별하는 존재가 누구냐입니다. 스피노자는 자유인을 '좋음'을 규정할 수 있는 능력을 가진 사람이라고 봅니다. 그는 이런 말을 했습니다. "예를 들어 어떤 사람이 자신이 이제껏 본 적이 없는 어떤 작품을 보았으나 그 제작자의 의도를 알지 못하고 있다면 그는 그 작품이 완성되었는지 또는 완성되지 않았는지를 알지 못할 것이다."(『에티카』 4부의 머리말) 그렇다면 그 완성 여부를 알 수 있는 것은 누구일까요? 바로 제작자 자신이거나 제작자의 의도를 알고 있는 사람일 겁니다. 스스로 자기 일의 주인인 사람, 어떤 일을 하는 것이 제 정신이고 제 행동인 사람, 그만이 그 일의 의미를 아는 겁니다. 남에게 휘둘려서 생각하는 사람, 보통 사람들이 생각하는 걸 따라서 생각하고 행동하는 사람 그런 사람들은 그것을 알지 못합니다.

가령 우리 생각에 짓다 만 것 같은 집을 보았다고 합시다. 우리는 그 집을 미완이라고 말할 겁니다. 하지만 그것이 완성인지 미완인지 어찌 알까요. 제작자는 그것을 이해할 겁니다. 우리가 미완이라고 쉽게 말해버리는 것은 우리에게 익숙한 것, 우리가 그동안 많이 보아온 것, 남들도 그렇게 말하는 것들에 따른 것이죠. 스피노자는 그래서 이렇게 말했습니다. 보통의 사람들은 "보편적 관념을 형성하고, 집, 건물, 탑 등의 유형을 생각해내서 (…) 그것에 일치하는 것을 완전하다고 하며, 비록 제작자는 완성된 것이라고 생각한 작품이라도 해도 그것이 일치하지 못하면 불완전한 것, 미완성의 것이라고 말한다."(『에티카』 4부의 머리말)

정말 중요한 것은 추상적이고 보편적인 진리 같은 게 아닙니다. 우리는 우리 자신에 대해 잘 알아야 합니다. 우리 신체에 대해 잘 알아야 합니다. 지금 우리의 능력은 어느 정도인지, 우리 삶은 어떤 상태에 있는지. 우리 능력을 키우려면, 우리가 더 좋은 삶을 살려고 한다면 누구와 어떻게 만나야 하는지를 알 필요가 있습니다. 쉽지는 않을 겁니다.

우리에게 다가오는 신체들, 가령 타인들에 대해 우리는 적합하게 파악하기 힘듭니다. 음식만 떠올려 봐도 그렇습니다. 혀끝에서는 우리를 행복하게 하는데, 결국 위장에 들어가면 우리를 고통스럽게 만드는, 우리와 잘 맞지 않는 음식들이 얼마나 많습니까. 확실히 뭔가 좀 더 안정적인 방안이 필요합니다.

삶의 능력자 • • •

더 길고 복잡한 논의가 필요하겠지만 두 가지만 말하겠습니다. 우선 자기를 긍정하는 것, 자기 기쁨과 능력(힘)에서 출발하는 것이 필요합니다. 그다음으로는 자기를 긍정하기 위해서 우리가 타인을 필요로 한다는 점입니다. 우리는 아담처럼 혼자만으로 우리를 지배하는 혼동과 슬픔에서 벗어날 수가 없습니다. "내가 예전에 이 열매를 먹어봤는데 배탈 나서 죽을 뻔했어!" 아담에게는 이런 말을 해줄 친구가 필요합니다. 그때 옆에서 "그 열매를 끓여서 먹어보니까 좀 낫더라"라고 말하는 사람도 있어야 합니다. 없다면 내가 누군가에게 그런 사람이 되어야겠지요.

스피노자는 아무리 작더라도 우리가 우리 자신의 능력에서 시작해야 한다는 사실을 자주 환기했습니다. 아무리 작더라도 자신의 능력에서 시작하는 자만이 그 능력의 확장을 이룰 수 있습니다. 아무리 힘든 상황에서도 자신이 무엇을 할 수 있는지부터 생각하는 훈련이 필요합니다. 그때만 우리는 자신의 능력을 키워나갈 수 있습니다. 이것이 우리가 스스로의 힘을 긍정한다는 말입니다.

이와 관련해서 데카르트와 스피노자의 철학 방법론 논쟁을 잠시 소개해드리고 싶습니다. 데카르트에게 철학하는 '방법'을 배우는 것은 철학을 하기 위한 일종의 준비 작업입니다. 진리를 얻기 위해서는 먼저 진리를 얻는 방법을 알아야 한다는 게 그의 생각이었지요. 그래서 그는 이런 비유를 들었습니다. "대장장이는 곧바로 칼이나 투구 및 다른 철제 제품을 만들어내지는 않을 것이다. 그는 무엇보다도 먼저 자신에게 필요한 망치, 모루, 집게 및 다른 도구를 만들 것이다." 즉 방법이란 대장장이가 칼이나 투구를 만들기 전에 먼저 장만해야 하는 망치, 모루, 집게와 같은 것이지요.

하지만 스피노자는 『지성개선론』이라는 책에서 이렇게 말했습니다. "진리탐구를 위한 가장 좋은 방법을 발견하기 위한 별도의 방법이 필요하지 않으며, 두 번째 방법의 탐구를 위해 세 번째 방법이 필요한 것도 아니다. 이런 식으로는 아무런 인식에도 이르지 못한다." 무슨 말인고 하니, 진리를 얻기 위해서 방법을 먼저 알아야 한다면, 그 방법을 얻기 위해서는 그 방법을 아는 방법이 또 필요하겠지요. 이런 식으로는 '준비를 위한 준비'만 할 뿐 결코 일을 시작하지 못한다는 말입니다. 사실 진리와 그것을 찾는 방법이 별개로 있는 건 아닙니다. 스피노자는 이렇게 말합니다. "진리가 가는 길이 진리의 방법이다." 아까 수영 이야기를 했으니 한 번 더 그 비유를 사용해보겠습니다. '수영할 줄 아는 것'과 '수영법을 아는 것'은 같은 말입니다. 우리는 수영법을 완전히 배운 뒤에야 수영을 할 수 있는 게 아닙니다. 수영법을 조금씩 배우는 일이 또한 수영을 할 수 있게 되는 일이기도 합니다.

공부를 하기 위해서는 '공부법'을 먼저 알아야 한다고 말하는 사람

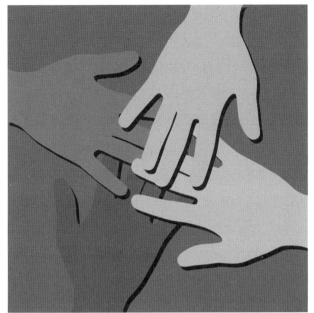

"사람에게 가장 영향이 큰 환경은 바로 다른 사람들입니다. 우리는 매번 다른 사람들을 만나며 기쁨과 슬픔을 경험하지요. 기쁨과 슬픔은 우리 능력의 증감과 관련해서 우리가 느끼는 감정입니다. 우리는 우리와 잘 맞는 존재들에 대해 기쁨을 느낍니다. 우리에게 우선 기쁨을 주는 존재들을 조직할 필요가 있습니다."

들이 있고 그런 책들이 많이 팔린다고 들었습니다. 하지만 저는 사람들이 '공부법'을 '공부'하겠다고 할까봐 걱정입니다. 그리고 그것은 종종 우리가 뭔가를 곧바로 시도하는 것을 방해합니다. 출발을 자꾸 지연시키는 겁니다. 이쯤해서 스피노자의 생각을 더 들어볼까요?

그는 『지성개선론』에서 이렇게 말합니다. "사람들이 처음에는 본유적 도구들로 아주 힘겹게 불완전하나마 매우 간단한 것들을 만들었을 것이고, (…) 다른 작업들, 다른 도구들로 나아가는 것이다." 즉 처음에 사람들에게는 모루도 없고 망치도 없었을 겁니다. 하지만 주위를 잘 살펴보면 자갈이나 나뭇가지 같은 거라도 있습니다. 처음에는 그 돌멩이가 모루가 되고 또 망치가 될 수 있습니다. 우리는 그걸로 무언가를 만들 수 있습니다. 또 모르죠. 돌멩이를 부딪치다 보면 불꽃이 일어나고 그렇게 불을 만들고, 어떤 돌멩이가 불에 녹으며 구리를 내놓을지. 그리고 나중에는 철을 얻고 우리가 기대하던 강철 망치와 모루가 나올 수도 있고요.

우리가 좋은 출발점에 서지 않았다고 한탄하지 말자는 겁니다. 먼저 주변을 살펴야 합니다. 지금 내게 주어진 것이 작은 돌멩이들뿐일지라도 바로 거기서 시작할 수 있습니다. 그것이 모루이고 망치가 될 수 있습니다. 우리에게 '없는 것'만 생각한다면 우리는 그것을 갖추기 위해 또 다른 '없는 것'을 떠올릴 뿐입니다. 우리가 할 수 있는 것, 그것이 아무리 미천하더라도 거기서 시작하면 됩니다. 누구나 자기 자리에서, 그 자리가 자갈밭에 불과할지라도, 진리를 생산할 수 있습니다.

데카르트의 입장은 이 한마디로 정리할 수 있을 겁니다. "물속에 들어가려면 수영하는 법부터 배워야지 그냥 물에 뛰어들면 안 됩니다."

이에 스피노자는 이렇게 반문할 겁니다. "물에 뛰어들지 않고 어떻게 수영하는 법을 배워? 모든 것을 갖추고 시작해야 된다는 생각은 버려! 바로 시작하지 않으면 아무것도 못해!"

물론 개인의 힘만으로는 한계가 있습니다. 우리는 환경의 영향을 끊임없이 받지요. 대부분 그것에 속수무책입니다. 하지만 반대로 생각한다면, 좋은 환경을 갖추어가는 것이 우리 능력을 키우고, 우리 삶을 행복하게 하는 데 매우 중요하다는 것을 알 수 있습니다. 좋은 환경이란 무엇일까요. 사람에게 가장 영향이 큰 환경은 바로 다른 사람들입니다. 우리는 매번 다른 사람들을 만나며 기쁨과 슬픔을 경험하지요. 앞서 말했듯이 기쁨과 슬픔은 우리 능력의 증감과 관련해서 우리가 느끼는 감정입니다. 우리는 우리와 잘 맞는 존재들에 대해 기쁨을 느낍니다. 우리에게 우선 기쁨을 주는 존재들을 조직할 필요가 있습니다.

조금 더 나아간다면 우리를 슬프게 하는 존재들이 더 이상 우리를 슬프게 할 수 없도록, 아니 더 나아가 우리를 기쁘게 할 수 있도록 변화시키는 마주침의 기술이 필요합니다. 마치 어떤 풀을 그대로 복용하면 독이 되지만, 다른 음식과 함께 복용하면 약이 될 수 있는 것처럼, 당장에는 우리에게 슬픔을 주는 존재를 기쁨의 존재로 바꾸어줄 수 있는 약제사의 지혜 같은 게 필요합니다. 이 과정에서 우리는 점점 더 좋은 신체, 더 좋은 정신, 한마디로 말해 좋은 삶을 살 잠재성이 커집니다. 물론 이것은 우리가 좋은 도시, 좋은 사회를 만드는 원리와도 통하지요.

나에게 좋은 것을 누군가가 가르쳐줄 수는 없습니다. 그 누구도 미리 알 수 없어요. 그러나 여러분은 엄청난 것들을 가지고 있습니다. 친구, 가족, 책, 그리고 뭔가를…… 심지어 절망적인 순간에도 나에게 남아 있는 것들이 있습니다. 슬프다는 건 기쁨이 아주 조금 작아졌다는 애기입니다. 거기에서 시작해서 조금 더, 조금 더 해보는 겁니다. 조금씩 부딪치고 하다 보면 어느 순간 갑자기 자신이 삶의 달인, 능력자가 됐다는 걸 알게 될 겁니다. 여러분은 강한 사람들입니다. 그렇지 않고 나에게 없는 것을 구하려 하다 보면, 나의 '좋음'에 도달하지 못하고 휘둘리는 삶을 살게 됩니다. 신앙적인 금기, 도덕적 원칙이라는 잣대에서 생각하고 행동하는 것이 아니라 내 삶의 주인이 되면 자신에게 좋은 것이 무엇인지 분명 알게 될 거예요.

세상을 바꾸는 힘

1판 1쇄 펴냄 2015년 1월 26일
1판 9쇄 펴냄 2022년 4월 20일

기획 길담서원
지은이 조영선 · 하승수 · 김두식 · 하승창 · 박성준 · 고병권

주간 김현숙 | **편집** 김주희, 이나연
디자인 이현정, 전미혜
영업·제작 백국현 | **관리** 오유나

펴낸곳 궁리출판 | **펴낸이** 이갑수

등록 1999년 3월 29일 제300-2004-162호
주소 10881 경기도 파주시 회동길 325-12
전화 031-955-9818 | **팩스** 031-955-9848
홈페이지 www.kungree.com | **전자우편** kungree@kungree.com
페이스북 /kungreepress | **트위터** @kungreepress
인스타그램 /kungree_press

ⓒ 길담서원 · 조영선 · 하승수 · 김두식 · 하승창 · 박성준 · 고병권, 2015.

ISBN 978-89-5820-286-8   03300

책값은 뒤표지에 있습니다.
파본은 구입하신 서점에서 바꾸어 드립니다.